# 新时期大学生思想政治教育工作理论与实践探索

苏晴　著

延边大学出版社

图书在版编目（CIP）数据

新时期大学生思想政治教育工作理论与实践探索 / 苏晴著. -- 延吉 : 延边大学出版社, 2023.6
ISBN 978-7-230-05144-6

Ⅰ. ①新… Ⅱ. ①苏… Ⅲ. ①大学生－思想政治教育－研究－中国 Ⅳ. ①G641

中国国家版本馆CIP数据核字(2023)第108828号

**新时期大学生思想政治教育工作理论与实践探索**

著　　者：苏　晴
责任编辑：朱云霞
封面设计：文合文化
出版发行：延边大学出版社
社　　址：吉林省延吉市公园路977号　　邮　　编：133002
网　　址：http://www.ydcbs.com　　E-mail：ydcbs@ydcbs.com
电　　话：0433-2732435　　传　　真：0433-2732434
印　　刷：三河市嵩川印刷有限公司
开　　本：710×1000　1/16
印　　张：12
字　　数：200 千字
版　　次：2023 年 6 月 第 1 版
印　　次：2023 年 6 月 第 1 次印刷
书　　号：ISBN 978-7-230-05144-6

定价：60.00 元

# 前　言

当今世界进入了一个经济全球化、政治多极化、文化多元化的新时期，世界经济的持续低迷、发展模式的激烈竞争、政治生态的不断恶化，让大动荡、大变革、大调整成为全球变局的关键词。在这样一个新的特殊时期，各个领域矛盾冲突层出不穷，围绕经济社会发展模式和主流价值观的较量愈发凸显，各种思想文化交流交融交锋更加频繁，意识形态领域斗争愈加复杂严峻。在国内，社会的转型、国家改革开放的不断深化，以及互联网等新的传播渠道的迅速发展，使人们的求知途径、价值观念、生活方式等发生了显著变化，思想意识的独立性、多样性、差异性日益增强，对大学生的思想观念和行为取向产生了深刻的影响，致使部分大学生的世界观、人生观、价值观产生了偏离，一些腐朽落后的文化在高校中有所滋长，这给我国大学生思想政治教育工作带来了严峻的挑战。

大学生是十分宝贵的人才资源，是民族的希望和祖国的未来。加强和改进大学生思想政治教育工作，提高他们的思想政治素质，把他们培养成中国特色社会主义事业的建设者和接班人，对于全面实施科教兴国和人才强国战略，确保我国在激烈的国际竞争中始终立于不败之地，加快推进社会主义现代化的宏伟目标，具有重大而深远的战略意义。随着经济社会的发展，新时期大学生思想政治教育工作已经形成一系列行之有效的模式。但在社会转型期，经济结构、文化形态、价值观念等因素的转变所造成的不确定性，也为大学生思想政治教育工作带来了诸多新挑战。因此，在新时期背景下，在机遇和挑战面前，我们应当更加细致地探寻出大学生思想政治教育的实践路径，从而有效化解复杂的社会环境所带来的种种困难。

本书共八章：第一章讲述了大学生思想政治教育的科学内涵、战略地位、基本任务、重要意义和发展趋势；第二章阐述了新时期大学生思想政治教育面临的机遇和挑战；第三章论述了新时期大学生思想政治教育的原则和理念；第四章讨论了新时期大学生思想政治教育的内容和方法；第五章探讨了新时期大学生思想政治教育的主要路径；第六章介绍了新时期大学生思想政治教育的队伍建设；第七章分析了不同视域下大学生思想政治教育实践探索；第八章阐释了新时期大学生思想政治教育实践。

在撰写本书的过程中，笔者参考了大量的文献资料，在此对相关文献资料的作者表示由衷的感谢。此外，由于笔者的时间和精力有限，书中难免存在不足之处，敬请广大读者予以批评、指正。

苏晴

2023年1月

# 目　录

# 第一章　大学生思想政治教育概述

## 第一节　大学生思想政治教育的科学内涵、战略地位和基本任务

从中华人民共和国成立至今，在高校中开展思想政治教育工作一直受到党和国家的高度关注。随着时代不断地发展变化，社会背景、价值趋向、个体追求发生了很大的改变，大学生思想政治教育工作也在不断应对各种冲击的过程中得到推进和发展，工作水平逐步得到提升，专业队伍建设也越来越成规模，为建设中国特色社会主义事业输送德智体美劳全面发展的合格人才作出了重要贡献。

### 一、大学生思想政治教育的科学内涵

大学生思想政治教育是党的思想政治教育的重要组成部分，它的理论和概念很多都源于思想政治教育这个基本概念。

思想政治教育这个概念最早源于马克思、恩格斯为创立于 1847 年的共产主义者同盟所制定的章程，该章程明确要求，参加同盟的每一个成员都要“具有革命毅力并努力进行宣传工作”。宣传什么呢？当然是宣传党章，宣传党的思想和主张，扩大党的影响，壮大党的力量，推进党的事业。这种宣传工作就是党的思想政治工作。1902 年前后，列宁创立布尔什维克党时提出了“政治工

作”和“政治教育工作”这两个概念。1934年，斯大林在联共（布）十七大总结报告中，又提出“思想工作”和“政治思想工作”这两个概念。中国共产党诞生后，在很长一段时间里都是沿用上述各种不同的提法，但在不同时期有所不同。中华人民共和国成立前主要使用“政治工作”这一概念。中华人民共和国成立后的20世纪50年代，在军队中仍然统一使用“政治工作”这一概念，但非军队系统则呈现出交错使用或并用“政治工作”“思想工作”“政治思想工作”等提法的局面。从1960年开始，直至1978年，“政治思想工作”才成为全国思想政治工作领域统一的标准提法。党的十一届三中全会决定把党和国家的工作重点转移到社会主义现代化建设上来，要求各项工作都必须服从和服务于经济建设这个中心。在这种历史条件下，“思想政治工作”“思想政治教育”便分别取代了“政治思想工作”和“政治思想教育”这两个概念，成为统一的规范提法，一直沿用至今。需要指出的是，这种“取代”，或者说“思想”与“政治”在提法上的“换位”，有着深刻的思想内涵。“思想政治教育”这个概念的演变，反映了人们对这个概念的认识的发展，以及对思想政治教育规律的认识。

其实，思想政治教育是自人类社会产生政治后便有了的一种教育实践活动。在氏族社会向阶级社会转变的漫长过程中，在政治国家逐步产生的过程中，许多带有政治性的概念、思想和观点便开始产生，这些东西与教育相伴相生。教育有两种含义：一是指使人明白道理的活动；二是指以影响人的身心发展为直接目的的社会活动，主要指学校的正规教育，也包括社会上一切含有教育因素的活动，如家庭教育、社会教育等。

从教育者的角度讲，思想政治教育是指一定的社会阶层或社会团体为实现一定的政治目标，有目的、有计划、有组织地对人施加意识形态的影响，以期转变人的思想，进而使人形成符合一定社会所要求的思想政治品德的社会实践活动。从受教育者的角度讲，思想政治教育是指受教育者有目的地自觉接受社会的要求而进行自我教育的实践活动。

按照一定的标准，我们可以对思想政治教育进行分类。例如：以阶级属性为标准，思想政治教育可分为统治阶级的思想政治教育和非统治阶级的思想政治教育；以显隐为标准，思想政治教育可分为显性的思想政治教育和隐性的思想政治教育；以教育对象为标准，思想政治教育可分为教职工思想政治教育和学生思想政治教育等。

思想政治教育要解决的是教育者如何按照社会发展的客观要求去教育人、引导人的问题，是受教育者如何按照社会发展的客观要求去进行自我教育、自我修养的问题。把人培养教育成为什么样的人和使自己成为什么样的人是思想政治教育的核心问题。

大学生思想政治教育是指社会用一定的思想观念、政治观点、社会规范，对大学生施加有目的、有计划、有组织的教育影响，使他们形成符合社会所要求的思想政治品德的社会实践活动。在我国，大学生思想政治教育是指教育者按照我国社会的发展要求对大学生进行教育，使他们形成符合我国社会所要求的思想政治品德的社会实践活动。

## 二、大学生思想政治教育的战略地位

### （一）科教兴国战略、人才强国战略的需要

大学生是十分宝贵的人才资源，既是民族的希望，也是祖国的未来。我国今后的发展需要各方面的资源，但最重要的是人才资源。中共中央、国务院《关于进一步加强和改进大学生思想政治教育的意见》中明确指出："加强和改进大学生思想政治教育，提高他们的思想政治素质，把他们培养成中国特色社会主义事业的建设者和接班人，对于全面实施科教兴国和人才强国战略，确保我国在激烈的国际竞争中始终立于不败之地……确保中国特色社会主义事业兴旺发达、后继有人，具有重大而深远的战略意义。"

科教兴国战略的主要内容：全面落实科学技术是第一生产力的思想，坚持

教育为本，把科技和教育摆在经济社会发展的重要位置，增强国家的科技实力及向现实生产力转化的能力，提高全民族的科技文化素质，把经济建设转移到依靠科技进步和提高劳动者素质的轨道上来，加速实现国家的繁荣强盛。

人才强国战略作为国家的一项重大战略，有着丰富而深刻的科学内涵。人才强国战略的核心是“人才兴国”。国家兴盛，人才为本。依靠人才兴邦，走人才强国之路，大力提升国家的核心竞争力和综合国力，是人才强国战略的核心要义。

科教兴国战略和人才强国战略的制定和实施是党以邓小平理论和“三个代表”重要思想为指导，从当代世界和中国深刻变化着的实际出发，根据党和国家事业发展的迫切要求作出的重大决策。改革开放以来，“中国速度”成为世界经济发展的一大奇迹，中国经济的持续发展令世界瞩目。然而，随着改革开放的不断深入，社会对人才的需求急剧增长，我国人才问题日益突出。党中央、国务院在科学分析和总结 21 世纪以来世界经济、社会、科技发展的趋势和经验，充分估计未来科学技术特别是高技术发展对综合国力、社会经济结构、人民生活和社会主义现代化进程的巨大影响的基础上，意识到要实现国民经济持续健康发展，必须依靠科技进步和人才培养。

科教兴国战略和人才强国战略对加快社会主义现代化建设，推动中国特色社会主义事业的发展具有极其重要的意义。无论是科教兴国战略还是人才强国战略，都强调人才的作用，都要求尊重知识、尊重人才。人才不仅影响经济发展的大局，也影响政治发展的大局。人才是科技进步、国家繁荣、经济发展的第一资源。培养同社会主义现代化要求相适应的高素质劳动者和专门人才，发挥我国巨大的人力资源优势，关系着 21 世纪社会主义事业的全局。

全面实施科教兴国战略和人才强国战略都强调教育的基础地位，都要求将教育放在首位。科技的进步靠人才，而人才的培养则靠教育。无论是培养高素质人才还是提高整个民族和国家的创新能力，教育都发挥着不可替代的作用。不仅如此，教育也是发展中国家追赶发达国家，实现经济社会跨越式发展的基础性事业。百年大计，教育为本。教育是社会主义物质文明和精神文明建设极为重要的基础工程，对提高全体人民的思想道德素质和科学文化素质，对培养一代又一代社会主义建设者和接班人，具有重大的战略意义。

2014 年 6 月 9 日，习近平总书记在中国科学院第十七次院士大会、中国工程院第十二次院士大会上的讲话中指出："面对科技创新发展新趋势，世界主要国家都在寻找科技创新的突破口，抢占未来经济科技发展的先机。我们不能在这场科技创新的大赛场上落伍，必须迎头赶上、奋起直追、力争超越。"这充分体现了习近平总书记对人才发展的高度重视。从实施科教兴国战略到人才强国战略、创新驱动发展战略，中国不断迈向全球竞争与世界发展舞台的中央。

实施科教兴国战略和人才强国战略，无论是重视人才还是强调教育，都应使思想政治教育成为题中应有之义。科技的发展需要高素质人才，而成为高素质人才，最根本的就是要有良好的思想政治素质。高等教育作为一项系统工程，既包括科学文化知识教育，也包括思想政治教育。从这个意义上说，加强和改进大学生思想政治教育是实施科教兴国战略和人才强国战略的重要内容。

大学生是中国特色社会主义事业的建设者和接班人，同样也是各种外来力量和意识形态竞相争取的对象。正因为如此，加强和改进大学生思想政治教育在整个科教兴国战略和人才强国战略中就显得尤为重要。尤其是当今世界正处于百年未有之大变局，以信息科学、信息技术为主要标志的世界范围内的科技革命正在形成新的高潮，科技进步日新月异，国际经济、科技竞争越来越围绕人才和知识的竞争展开。当今和未来世界的竞争，从根本上说还是人才的竞争，我国要跟上世界科技进步的步伐，就要加快科技创新和知识创新，让一大批优秀年轻人才脱颖而出。

### （二）大学生健康成长的内在需要

思想政治教育工作存在的理由从根本上讲来自人和社会发展的需要，它是个人健康成长和社会顺利发展必不可少的工具。人性是由生物性、社会性、精神性三个基本属性有机组合而成的。

人，首先是生物性的存在，在这方面，人和其他生物有着很多相似性。生物性的存在需要物质能量的供应，这主要涉及人与自然的关系。为此，人类要从事物质生产活动，发展科学技术，提高自身的工作效率，尽量从自然中获取更多的物质能量来支撑人类自身的生存和发展。同时，生物性的人也具有一般动物的特性，往往追求自身生理本能需要的最大化。

社会性就在于每个人要想生存下去，就必须融入社会活动中，在与人的沟通、交往和互动中追求自己生命的意义。而人和一般动物的根本不同之处在于其精神性的存在。每个人都有理想和信仰，追求自尊和自由，渴望独立。然而，理想的实现，信仰的建立，自尊、独立与自由的获得，取决于众多的条件，这本身也是一个理论创新的过程。符合人类社会发展规律的理论体系是通过艰辛的理论创新而形成的，同时也必须通过社会化的过程内化为每个社会成员的自觉追求，这些都离不开思想政治教育工作。

大学生的自尊心、好胜心强，想要摆脱权威、追求独立，这些都是大学生追求上进、敢于创新的基础。但是，大多数大学生长期在相对封闭的校园中成长，对社会了解较少，缺少生活历练，对人生应该具备的相关知识了解不多、体悟不深，需要更为系统、深入的世界观、人生观、价值观教育，以及将人之所以为人的本质要求转化为自己内在的要求。因此，加强思想政治教育工作是促使大学生成才不可缺少的重要一环。未来社会需要更多全面发展的高素质人才，而公平竞争的意识、团队合作的精神、民主法治的信念、百折不挠的意志等已成为 21 世纪大学生走向成功的必备素质。高校一定要改善过分重视专业学习而忽视理想教育、政治教育、道德教育、心理教育的现象，为培养合格的社会主义建设者和接班人奠定坚实的基础。

### 1.塑造大学生的人格

人格是指具有不同素质基础的人在不尽相同的社会环境中所形成的意识倾向性和比较稳定的个性心理特征的总和，简而言之就是做人的规格。人格包括人的认知能力特征、行为动机特征、情绪反应特征、人际关系协调程度、态度信仰体系、道德价值特征等。人格不仅控制着人的行为方式，而且决定着人的发展方向。思想政治教育者通过传授一系列的理论知识，引导受教育者开展实践活动，促使受教育者达到社会所要求的思想境界。这样，外在的社会要求就转化为受教育者的内在意识，再由受教育者的内在意识转化为其外在的行为。为了促成这两个转化，思想政治教育者必须不断研究社会要求与人格完善之间的关系，为进一步促进大学生人格的完善提供良好的基础条件。

### 2.提高大学生的素质

提高大学生整体素质的核心是提高大学生的思想政治素质。思想政治教育工作是社会主义政治文明建设的重要保证，具体表现在以下两个方面：

一是长期、持续的爱国主义、集体主义、社会主义教育可以提升大学生的思想政治素质，为巩固社会主义政治制度、维护社会稳定服务。

二是思想政治教育可以提高大学生的政治觉悟，培育大学生的民主意识，增强大学生的法治观念和政治责任感，引导大学生提升政治认知、参与政治生活、建设社会主义民主政治，从而提高民主管理水平，推进社会主义民主政治的发展。

### 3.解决大学生深层次的思想问题

社会的发展、时代的变迁、教育的变革使得一些与我国国情、高校育人目标不相容的事物进入校园，给大学生带来一些不良影响。有的大学生淡忘了国家意识，消解了民族身份，逐渐失去了对中华传统文化的认同感；有的大学生对重要的政治理论问题一知半解，对马克思主义理论认识模糊；有的大学生的世界观、人生观、价值观存在误区与偏差，对当前的社会问题缺乏全面、系统、深入、客观的认识和理解；甚至有的大学生对中国特色社会主义道路、共产主义信念缺乏信心，对党和政府缺乏信任，态度消极，对未来感到迷茫。因此，加强思想政治教育已成为解决大学生深层次思想问题的必然要求。

## 三、大学生思想政治教育的基本任务

大学生思想政治教育的根本目的，是培养德智体美劳全面发展的，又红又专的社会主义建设者和接班人。这个根本目的贯穿学校教育过程的始终，也由此决定了大学生思想政治教育的基本任务。大学生思想政治教育工作的基本任务，也就是它所要解决的问题和所要担负的责任。

概括地说，大学生思想政治教育的基本任务，就是用共产主义思想体系教育学生，启发和提高他们的思想觉悟，使他们树立正确的立场、观点，掌握正确的思想方法和工作方法，并在实践中提高他们对世界的认识和改造能力，把他们培养成为德智体美劳全面发展的，又红又专的社会主义建设者和接班人。

### （一）用共产主义思想体系教育大学生，提高其思想政治觉悟

我国高等学校教育的社会主义性质，要求高等学校培养的人才必须具有社会主义思想觉悟，自觉自愿地为社会主义事业服务。因此，大学生思想政治教育应该坚持用共产主义思想体系教育大学生，提高他们的社会主义、共产主义思想觉悟。系统的共产主义思想体系教育包括马克思主义基本理论教育，共产主义理想、信念、道德教育，社会主义主人翁思想和集体主义思想教育，社会主义权利义务观念和组织纪律观念教育，为人民服务的献身精神和共产主义劳动态度教育，等等。其中最基本的任务是用马列主义、毛泽东思想、中国特色社会主义理论体系和习近平新时代中国特色社会主义思想教育大学生，帮助他们掌握科学的世界观和人生观，学会运用马克思主义的立场、观点、方法来认识问题和处理问题。正是从这个意义上说，大学生思想政治教育是一项塑造大学生灵魂的伟大工程。

对大学生进行共产主义思想体系的教育，既是社会主义、共产主义事业的需要，也是大学生自身健康发展的需要。共产主义思想体系是人类历史上最进

步、最科学的精神财富和理论瑰宝，我党用它培养人、教育人是有着光荣传统的。坚持用共产主义思想体系教育大学生，才能使他们在现阶段的共产主义实践中认清历史发展的规律，提高对无产阶级的历史地位和历史责任的正确认识，逐步用共产主义世界观认识问题和处理问题；才能增强他们识别和抵制非无产阶级思想侵袭、腐蚀的能力，使他们在两种思想体系的斗争中通过比较和鉴别，经受锻炼，获得政治、思想上的进步；才能教育大学生用共产主义精神对待学习、工作和生活，把革命理想和奉献精神结合起来，努力使自己成为德智体美劳全面发展的社会主义建设者和接班人。

## （二）对大学生进行针对性思想教育，帮助他们健康成长

大学生身心发展尚未成熟，思想活跃，但辨别能力差，观察事物常常有片面性和表面性；他们不满足现状，渴望变革，急于施展才华，但往往又感情用事，以至动机和效果不能统一，遇到挫折后又感情脆弱、意识消沉。因此，大学生思想政治教育者要针对大学生普遍关心和迫切要求解决的思想认识问题，从理论和实践的结合上作出有说服力的回答，并能针对大学生在日常学习、工作、生活中出现的思想问题，通过个别教育，加以解决。

对大学生进行针对性思想教育，主要有以下几个方面的任务：一是解决不同时期学生中的倾向性思想问题，为完成党的任务铺平道路；二是解决通过一人一事反映出来的思想问题，防患于未然，调动每一个学生的积极性；三是及时协调学生之间，学生与教师、学校之间的关系，妥善处理各种矛盾，保持学校安定团结的政治局面；等等。

及时的针对性思想教育可以解答大学生的思想疑问，助其抵制错误思想的影响；培养他们正确认识、处理问题的能力，提高他们正确选择行为方式的能力；帮助他们战胜各种困难，激发他们学习、工作、生活的积极性和创造性；促进他们思想觉悟的提高，使他们成长为德智体美劳全面发展的社会主义建设者和接班人。

### （三）组织和协调各种教育力量，推动学校精神文明建设，构建和谐校园

改革开放以来，尤其是随着高校的调整、合并以及高等教育大众化的实现，规模、结构、质量和效益的合理发展越来越成为摆在高等教育工作者面前的艰巨任务，片面追求规模、忽视教育质量提高的问题也仍然存在，而且严重影响和制约着高等教育的发展。同时，在改革开放和经济体制转型的背景下，西方文化长驱直入。各种思潮碰撞交融，学校成员之间的利益分化、利益矛盾等问题日益凸显，如何组织和协调各种教育力量，推动精神文明建设，构建和谐校园，成为一个重要问题。

推动学校精神文明建设、构建和谐校园是促进学校事业全面协调发展的现实需要，是高校思想政治教育工作的主要任务之一。推动学校精神文明建设、构建和谐校园，可以促进学校物质文明、精神文明和政治文明的共同进步，为实现人的自由全面发展作出应有的贡献，使学校在提高社会生产力水平、增加社会物质财富等方面承担起应有的历史重任。

学校推动精神文明建设、构建和谐校园的目的，是适应社会主义现代化建设的需要，培养有理想、有道德、有文化、有纪律的社会主义新人，为提高整个中华民族的思想道德素质和科学文化素质作贡献。而这一目的的实现，必须依靠大学生思想政治教育工作。

1.中心环节

大学生思想政治教育工作是学校推动精神文明建设、构建和谐校园的中心环节。

一方面，大学生思想政治教育工作是学校推动精神文明建设、构建和谐校园的重要手段和根本途径。无论是社会主义精神文明建设中的思想道德建设，还是教育科学文化建设，都离不开党的思想政治教育工作。因为社会主义文化和社会主义、共产主义思想意识不可能在学生中自发产生和发展，而是要通过党的宣传教育工作，调动学生内在的积极因素，自觉地产生、形成和发展起来。

另一方面，党的思想政治教育工作也保证了大学生思想品德上的健康发展和科学文化知识水平的提高，保证着学校社会主义精神文明建设的发展方向。大学生思想政治教育工作通过经常向学生进行思想政治教育，不断提高他们的思想政治觉悟和道德水平，调动他们学习现代科学文化知识的积极性，帮助他们全面发展，顺利成才。

2.统筹全局

在完成促进大学生全面发展、培养社会主义新人、推动精神文明建设、构建和谐校园的任务的过程中，大学生思想政治教育工作起着统筹全局和总指挥的作用，它可以调动、组织和协调校内外的各种教育力量，使其形成合力，共同完成任务。这个作用主要表现在以下几个方面：

一是从办学思想和领导体制上，确定学校思想政治教育工作在学校工作中的地位和作用，全面贯彻党的教育方针。

二是发挥学校行政管理部门的管理和教育的双重职能，把加强对各部门的科学管理同要求各部门承担学生思想政治教育工作任务相结合，实行教书育人、管理育人、服务育人，实现政治与业务的统一、德育与智育的渗透、管理与教育的结合，更好地发挥广大教职员工在学生思想政治教育工作中的作用。

三是把学生思想政治教育纳入学校教育工作计划，统筹安排，协调一致，充分发挥学校各教育和教学环节的作用，调动各方面的教育力量，形成学校对学生进行思想政治教育的体系，以利于对大学生进行以共产主义思想为核心的社会主义精神文明教育。

四是通过协调学校教育、家庭教育和社会教育的关系，统一各方面的教育内容、教育任务和要求，使学校、家庭、社会的教育力量方向一致，相互配合，提高效果。

五是通过加强和改进党的领导，加强和改善大学生思想政治教育工作的科学管理，使大学生思想政治教育工作越来越科学化、系统化、规范化，以更有效地发挥大学生思想政治教育工作的作用，推动学校社会主义精神文明建设，使一切有利于学校事业进步的创造愿望得到尊重、创造活动得到支持、创造才能得到发挥、创造成果得到肯定，不断增强校园的创造活力，实现校园组织结构要素的和谐、教育环境的和谐、教师间人际关系的和谐、学生间人际关系的和谐、师生间人际关系的和谐，以及自我教育、家庭教育、社会教育和学校教育的和谐等。

### （四）保证学校的社会主义办学方向和培养目标的实现

高等学校的根本任务是培养德智体美劳全面发展的社会主义事业的建设者和接班人。现在和今后一二十年高等学校培养出来的学生，他们的思想道德和科学文化索质如何，直接关系到 21 世纪中国的面貌，关系到我国社会主义现代化建设事业能否顺利实现。因此，保证学校坚持社会主义办学方向和培养目标的实现，是大学生思想政治教育工作的一项重要任务。

我国的教育事业是人民的事业，是党和国家的伟大事业的有机组成部分。新中国成立以来，我国的教育事业有了很大的发展，我党制定了社会主义的教育方针，明确了学校教育的目的，为我国学校确立了社会主义办学方向。大学生思想政治教育工作的重要任务之一，就是保证党的教育方针的实施和学校教育目的的实现，保证学校的社会主义办学方向。为完成这一任务，就要在学校的各项教育工作中，坚持进行共产主义思想体系教育，为大学生形成良好的思想政治品德奠定理论基础，并以此统一思想，协调行动，解决他们的各种思想问题和实际问题，调动他们学习、生活、工作的积极性和创造性，促进他们德智体美劳全面发展，从而使他们成为有理想、有道德、有文化、有纪律的社会主义建设者和接班人。

# 第二节　大学生思想政治教育的重要意义和发展趋势

## 一、大学生思想政治教育的重要意义

在我国社会主义革命和建设的历史进程中，思想政治教育一直发挥着巨大的作用，下面便从六个方面对大学生思想政治教育的重要意义进行深入探究。

### （一）有助于推进中国特色社会主义事业发展

中国特色社会主义道路是我国走向国家富强、民族振兴、人民幸福的必然道路。坚定不移地拥护党的领导，坚持社会主义道路，实现富民强国之梦，是每个当代中国人必须明确的政治立场。我国高校担负的责任和使命是为中国特色社会主义输送合格建设者和接班人。国家发展的关键在于人才的素质是否符合中国特色社会主义事业的内在要求，而思想政治素质作为人的素质中最基本、最关键的一个层面，对中国特色社会主义事业建设者和接班人的培养具有决定意义。

大学生思想政治教育从根本上说就是解决培养什么样的人的问题，其重点在于解决大学所培养的人为谁服务以及服务态度的问题。大学生的思想政治素质主要是指对马克思主义、中国特色社会主义、强国富民的建设事业有坚定信念，具备马克思主义的理论素养、政治素质、道德品质和法律素质。我国的高校是党领导下的高校，是中国特色社会主义高校。毫无疑问，培养中国特色社会主义的建设者和接班人是我国高校必须承担的使命和责任。做好大学生思想政治教育工作，国家建设才会后继有人，中国特色社会主义事业才会兴旺发达。

## （二）有助于推进社会主义和谐社会的建设

社会和谐是人类文明进步的重要标志，是中国特色社会主义的本质属性，是国家富强、民族振兴、人民幸福的重要保证，是我党不懈努力的奋斗目标。实现社会和谐，建设美好社会，始终是人类孜孜以求的社会理想。建设一个和谐社会的根本和关键是要提高公民的整体素质，而公民素质建设必须要依靠思想政治教育才能做好。在培养高素质人才的基础上，大学生思想政治教育工作也担负着引领社会文化、倡导良好风气的责任，在推进社会主义和谐社会的构建方面起着不可替代的作用，担负着不容推卸的责任。大学生作为青年群体中较为优秀的组成部分，他们的整体素质水平对整个社会具有一定的引领作用，他们对先进文化的接受比较快，对社会主义和谐社会理念的理解、传播和实施都要比其他群体来得更深入、更快捷。大学生的思想政治和文化素养水平直接关系到社会主义和谐社会的建设水平，关系到中国特色社会主义建设事业的发展。因此，高校要充分重视大学生思想政治教育工作的地位以及重要意义，要多层次、全方位地做好大学生思想政治教育工作。

社会主义和谐社会的建设面临着不小的压力和挑战。随着改革开放以来经济的迅猛发展，社会转型期的碰撞，社会结构随之发生了深刻的改变，传统的价值观念也遭遇着来自现代价值理念的冲击；经济全球化又使得国际交流变得更加频繁，不同文化、不同观念、不同思潮的涌入既带来了新鲜的视野，也带来了困惑和迷茫。这些对人们的思想观念形成了较大的冲击，给社会主义和谐社会的顺利推进带来了难度和压力。

在这样的社会背景下，大学生的思想认知不可避免地会受到一定的影响，价值观念、人生追求必然会表现出多元化的特点，这是正常的，也是不能回避的。大学生思想政治教育应该正确面对当前社会的现状，认真分析研究，积极寻找应对措施，一定要始终坚持正确的舆论导向，探索针对性、实效性强的教育手段和教育措施，提高当代大学生的思想政治理论素养，帮助他们学会分析和思辨，引导他们以客观、冷静、理性的态度看待社会现实，并要树立远大理想和正确的价值观。大学生的思想状态稳定、文化素养提高、道德品质优秀，对构建社会主义和谐社会具有深远的现实意义。因此，深入加强大学生思想政治教育是构建社会主义和谐社会的必然要求，对社会发展有着不可替代的促进作用。

### （三）有助于推进社会主义核心价值体系的建设与发展

社会主义核心价值体系的建设是兴国之魂，是社会主义精神文明建设的精髓，决定着中国特色社会主义的发展方向。社会主义核心价值体系包含四个方面的要求：一是要坚持马克思主义指导思想，坚持不懈地用中国特色社会主义理论武装全党、教育人民；二是要坚持用中国特色社会主义共同理想凝聚人民力量；三是用以爱国主义为核心的民族精神和以改革创新为核心的时代精神鼓舞斗志；四是用社会主义荣辱观引领风尚，巩固全党全国各族人民团结奋斗的共同思想基础。党的十八大报告中又明确提出了三个倡导：在国家层面上倡导富强、民主、文明、和谐；在社会层面上倡导自由、平等、公正、法治；在个人层面上倡导爱国、敬业、诚信、友善。

社会主义核心价值体系的基本内容与要求也是新时期思想政治教育的核心内容与根本要求。对大学生进行思想政治教育，就是在大学生群体中推进社会主义核心价值体系教育。大学生思想政治课程体系比较全面翔实地进行了马克思主义理论、中国特色社会主义理论体系的讲授，而各种党团活动、社会实践、校园文化等载体，又从不同层面教育和引导大学生树立正确的荣辱观和价值观，培养了大学生的爱国主义情怀，帮助大学生深入理解中国特色社会主义道路的重要意义，坚定对社会主义制度的信心。大学生是国家和民族的未来和宝贵财富，承担着社会主义建设事业的使命和责任，因此做好大学生思想政治教育工作是深入强化社会主义核心价值体系的重要保证。

## （四）有助于推进精神文明建设

大学是文化传承和创新的地方，大学的文化建设是大学精神文明建设的基本内容。大学文化建设的核心问题是怎样培养能够适应中国特色社会主义建设要求的“四有新人”。鲜明厚重的大学文化是一所大学的重要特征和特色所在，是大学生生存和发展能力的重要标志。大学文化建设在我国整个社会文化建设中具有特殊地位，在大学整体建设中处在中心地位。

大学精神文明建设的另一个基本内容是思想道德建设。大学的思想道德建设体现着中国特色社会主义精神文明建设的性质和方向，对大学文化的建设和社会文化的塑造都有着巨大的作用。做好大学生思想政治教育工作是传承和发展好大学文化的基础，也是推进社会主义精神文明建设的重要保证。

## （五）有助于适应新形势下高等教育事业的快速发展

改革开放以来，我国高等教育取得了快速的发展，普及率也逐步提升，逐步从“精英教育”时代走向“大众化教育”时代，社会整体受教育水平提高，与之相对应的是高等教育的任务和责任发生了变化，需要面对的学生群体情况也发生了改变：一方面，学生数量增多，来源地域宽，经济背景、文化习惯等情况更加复杂；另一方面，许多学生自我意识强，叛逆心重，同时承受挫折能力、沟通协调能力等各个方面都有一定的欠缺。这些都给大学生思想政治教育工作带来了新的挑战和压力。

思想政治教育的载体和途径随社会环境的变化也在发生着改变。互联网的迅猛发展，使得学生获得信息的渠道变得更加便捷，信息来源也十分驳杂，思想政治教育的环境更加开放而不好控制，各种文化、观念的影响和渗透不易把握。这些新情况的出现，使得大学生思想政治教育工作必须紧跟时代步伐，快速做出反应，将思想政治教育效果落到实处。高校思想政治教育工作也是推动高校各项事业发展的基础和关键。

### （六）有助于全面提升大学生个体人格素质的发展

党的二十大报告指出，“办好人民满意的教育。教育是国之大计、党之大计。培养什么人、怎样培养人、为谁培养人是教育的根本问题。育人的根本在于立德。全面贯彻党的教育方针，落实立德树人根本任务，培养德智体美劳全面发展的社会主义建设者和接班人。”立德，就是坚持德育为先，通过正面教育来引导人、感化人、激励人；树人，就是坚持以人为本，通过合适的教育来塑造人、改变人、发展人。学生的思想政治素质决定着其他各项素质的发展轨迹，同时对其整体发展和综合能力走向起着决定性的作用。大学生思想政治教育工作是最基础、最关键、最核心的部分，在学生个体成长发展过程中起着至关重要的作用，为学生实现德才兼备、全面发展搭建了有效的平台。

## 二、大学生思想政治教育的发展趋势

大学生思想政治教育在今后的社会发展中不是日渐萎缩，而是不断壮大和发展的，它不会于历史舞台上消失，而是与时俱进、不断开拓创新的。放眼未来，大学生思想政治教育呈现出以下发展趋势：

### （一）大学生思想政治教育人本化发展趋势

随着习近平新时代中国特色社会主义思想在高等教育中的深入贯彻与实践，大学生思想政治教育呈现出人本化发展趋势，主要表现在以下几个方面：

1.大学生是发展主体

大学生思想政治教育的人本化体现为以大学生为发展之本。促进大学生的全面发展和健康成长，是大学生思想政治教育的根本目标，也是大学生的根本利益。大学生思想政治教育越来越自觉地为大学生的全面发展和健康成长服务。

一是重视教育和引导大学生正确认识和处理好现实发展与持续发展的关系。大学生的可持续发展，是实现大学生人生发展最大价值的前提，也是实现社会可持续发展的重要基础。大学生的可持续发展，就是要发现和挖掘大学生发展的巨大潜力，增强大学生自我持续发展的意识和能力，建立大学生发展的长效机制。大学生思想政治教育更加重视引导大学生正确认识和处理现实发展与长远发展的关系，把现实发展和长远的可持续发展结合起来，克服发展的短期行为，始终根据社会发展的需要，适应学习型社会和学习型组织的要求，不断充实和更新自身的知识结构，增强持续发展的坚定意志，克服发展中面临的种种困难，实现自身的可持续发展。

二是重视教育和引导大学生正确认识和处理好自发发展和自觉发展的关系。大学生的发展呈现出自发发展和自觉发展两种形态：自发发展是指大学生往往缺乏发展的自觉意识，缺乏对发展规律的科学认识，在发展过程中存在很大的自发性、盲目性，走了很多弯路，影响了发展的质量和成效；自觉发展则是指大学生具有发展的自觉意识，形成了发展的规律性认识，并能自觉运用这种规律性认识指导和促进自己的发展。大学生思想政治教育十分重视引导大学生克服发展的盲目性，增强发展的自觉性，掌握和遵循人才发展的规律，不断健康成长。

三是重视教育和引导大学生正确认识和处理好片面发展与全面发展的关系。大学生的综合素质包括思想道德素质、科学文化素质、身心健康素质。大学生的全面发展，就是思想道德素质、科学文化素质、身心健康素质都得到发展。实现大学生德智体美劳全面发展，是党的教育方针的根本要求，也是大学生成长的客观规律和发展的内在动力。大学生思想政治教育更加重视针对大学生德智体美劳素质发展失衡的现象，引导大学生克服发展的片面性，增强发展的全面性与协调性，从而实现健康发展。

### 2.大学生是价值主体

大学生思想政治教育的人本化还体现为以大学生为价值之本。大学生思想政治教育更加注重引导大学生正确认识和满足自身的需要，实现自身的价值。

马克思认为，价值这个普遍的概念是从人们对待满足他们需要的外界物的关系中产生的。在价值关系中，价值主体是需要获得满足者，价值客体是提供满足者。在大学生思想政治教育的价值关系中，大学生是价值主体，大学生思想政治教育是价值客体。大学生思想政治教育越来越注重千方百计地引导大学生正确认识和满足自己的需要，实现自身的利益和价值，并在这一过程中实现大学生思想政治教育自身的价值。大学生的需要和大学生的利益密切相关，需要是一种潜在利益，需要的满足是一种现实利益。大学生的需要主要表现为物质需要和精神需要。大学生思想政治教育更加重视加强与大学生有关的政策和制度教育，引导大学生协调和处理好各种与自己相关的物质利益关系，维护自身的权益。除此之外，还要加强道德教育，增强大学生的道德意识，提高大学生的道德判断能力、道德选择能力和道德践履能力，满足大学生的道德发展需要；加强理想信念教育，引导和帮助大学生树立正确的人生理想，把握人生发展的正确方向，选择和走好人生发展的正确道路，满足大学生树立和实现人生远大志向的需要；加强心理健康教育，开展心理咨询活动，帮助大学生克服心理障碍，形成健全的人格，满足大学生的心理健康发展需要；加强情感教育，引导大学生正确认识和处理好交友、恋爱、婚姻等各种关系，形成高尚的情操，满足大学生情感发展的需要；还要开展各种丰富多彩的校园文化体育活动，满足大学生日益增长的精神文化需要。

### 3.大学生是实践主体

大学生思想政治教育的人本化还体现为以大学生为实践之本。大学生的主要任务是学习，这是大学生在校期间作为实践主体的主要活动形式，大学生是学习的主体。大学生思想政治教育越来越注重寓思想政治教育于大学生学习活动之中，引导大学生明确学习目的和科学知识的价值；激励他们勤奋学习和系统掌握人类创造的全部科学文化成果，提高创新能力和实践能力，培养与所学专业密切相关的职业道德和职业精神；全面提升思想道德素质，为大学生的全面发展和毕业以后走向社会，参加社会实践活动奠定重要的思想基础；不断调动大学生学习的积极性、主动性和创造性，激发大学生刻苦学习、严谨治学的精神动力。大学生思想政治教育还更加注重引导在校大学生积极参与社会实践活动，运用掌握的科学理论知识指导和推进社会实践活动，自觉走与实践、与工农相结合的青年知识分子成长道路，在社会实践中受教育、作贡献、长才干。

思想政治教育是做人的工作，是使人最大限度地发挥主观能动性的工作。因此，思想政治教育工作者必须明确这项工作是以人为工作对象、以人为工作目的的，即一切以人为主、以人为重。之前，有人片面地认为思想政治工作是要动员人们共同为建设社会主义、实现共产主义奋斗，要使工作对象尽可能充分地发挥出自己的潜能服务于社会，因而在工作中往往以社会为主体，以代表社会利益需要的领导者为主体，来要求人、教育人、塑造人、加工人，总是要求作为个体或群体的人们改变、限制、牺牲自己一些什么，以适应和满足现实社会的条件和需要，很少把教育对象——人作为主体，很少考虑到教育对象——人的需要。在新时期，人们的自主意识逐渐增强，这意味着思想政治工作只有从人本身的需要出发，走群众路线，充分尊重受教育者的人格和尊严，理解他们，关心他们，满腔热情地对待他们，才能使他们感到关心和温暖，从而接受教育，达到思想政治教育的目的。我们必须彻底肃清错误思想的影响，真正把群众赞成不赞成、拥护不拥护、满意不满意作为思想政治工作的出发点与归宿。在新形势下，思想政治教育只有以尊重人、理解人、关心人为前提，才能充满活力而得以生存和发展。

### （二）大学生思想政治教育社会化发展趋势

社会学认为，人的发展过程是一个社会化的过程，思想政治教育是人的社会化不可缺少的重要组成部分，目的是使教育者成为能适应社会、参与社会生活、履行一定社会角色行为，并具有健康人格的人，从而满足社会发展的需要。只有贴近改革、贴近社会、贴近生活的教育，才能培育社会所需要的、适合社会发展的人才，因此思想政治教育的社会化是时代的呼唤，是改革的需要。大学生思想政治教育的社会化发展趋势主要体现在以下几个方面：

1.大学生思想政治教育理念的社会化

大学生思想政治教育要把大学生看作社会的人。大学生不仅是学校的一员，更是社会的一员，大学生思想道德素质的形成和发展不仅受到学校的影响，更会受到社会的影响。因此，要树立开放育人、实践育人、协同育人的理念，不能只在相对封闭的校园环境中育人，而要注重在开放的社会环境中育人，运用各种社会因素积极提高大学生的思想道德素质，促进大学生的全面发展；不能只注重引导大学生通过课堂学习思想政治理论知识，而要注重引导大学生在社会实践中提高分析、解决思想问题和实际问题的能力；不能只依靠某一方面的力量分散育人，而要把校内的教育力量与家庭、社会的教育力量结合起来，分工合作，内外结合，优势互补，协同育人。

2.大学生思想政治教育主体的社会化

在进行大学生思想政治教育时，除了要加强学校教师、行政人员、学生骨干等相互之间的协调与配合，加强校际之间的协调与配合，还要组织、联合社会各方面包括党团组织、新闻媒体、学术机构等教育主体，共同做好思想政治教育工作，提高思想政治教育主体社会合作程度，增强思想政治教育的社会合力。

3.大学生思想政治教育内容的社会化

在任何时候，人们的思想意识都是被意识到的社会存在，人们的思想意识是社会存在的客观反映。要帮助人们形成正确的思想意识，就要立足于社会实践，把在社会实践基础上形成的社会的发展变化作为思想政治教育的内容，实现思想政治教育内容的社会化，引导人们正确认识社会的发展变化，形成正确反映社会发展变化的思想意识。

大学生思想政治教育要注重根据社会实践的深化和社会的发展变化，不断拓展思想政治教育的覆盖面，充实和更新思想政治教育的内容，优化思想政治教育的内容结构。在现实社会中，大学生思想政治教育必须坚持把当代社会发展、变化的内容作为教育的内容，总结社会发展成就，分析社会发展形势，了解社会生活意义，把握社会发展趋势，增强社会适应能力，提高大学生的社会化程度，努力培育合格的社会成员和国家公民。现在，时代发展发生了深刻的变化，改革开放和社会主义市场经济不断发展，经济全球化、社会信息化、文化多样化提出了很多新的重大社会课题，大学生面临着一些新的现实问题和思想困惑，思想行为受到极大的影响，必须引导他们直面现实，消除困惑，把握机遇，迎接挑战。因此，只有根据实践的深化和社会的发展，不断充实、更新和拓展大学生思想政治教育的社会内容，才能更好地贯彻理论联系实际的方针，加强对大学生学习、生活和择业的指导，提高大学生思想政治教育的实效性，促进大学生的全面发展和健康成长。

### （三）大学生思想政治教育民主化发展趋势

民主是社会主义制度的本质特征和要求，也是中国特色社会主义思想政治教育工作评价的基本原则。在思想政治教育工作评价中，民主原则的重要体现之一就是坚持群众路线。大学生思想政治教育民主化是社会主义民主的本质要求。社会主义民主的本质是人民当家作主。人民是社会主义国家的主人，在社会主义国家，就人民而言，人与人之间的社会地位是平等的，解决人民内部的矛盾，只能用民主的方法，解决人民内部的思想矛盾，更是只能用民主的办法。大学生思想政治教育的民主化发展趋势主要体现在以下几个方面：

#### 1.大学生思想政治教育方法的民主化

大学生思想政治教育方法的民主化，就是大学生思想政治教育要充分发扬民主，广泛运用民主的方法开展教育活动。大学生思想政治教育方法的民主化主要表现在以下几个方面：

一是自律与他律相结合。人的一生思想道德素质的形成和发展总是遵循由无律、他律走向自律的客观规律与趋势，大学生思想道德素质的发展也不例外。在大学生思想道德素质发展中，必须把他律和自律结合起来。他律主要是法律、纪律、制度等对大学生自身形成的外在约束，他律具有强制性。自律主要是内化的道德规范对大学生自身形成的内在约束，自律具有自觉性。自觉的内在自我约束是大学生自主自愿的约束，突出了大学生的主体地位和思想觉悟。自律和他律相互结合、相互促进，是大学生思想政治教育方法日益民主的重要体现。

二是教会接受与学会选择相结合。大学生思想政治教育既要运用多种方法传播正确的思想理论，教育和引导大学生学会接受和内化正确的思想理论，又要引导大学生适应开放条件下思想信息和价值取向多样化的社会环境，学会运用马克思主义的辩证法对多种思想信息和价值取向进行分析、比较、鉴别，去伪存真，去粗取精，获取和吸收正确的思想信息，选择和坚持正确的价值取向。引导大学生在价值取向多样化的开放环境中进行价值选择，可以充分体现大学生在思想政治教育中的主体性，是大学生思想政治教育民主化的重要体现。

三是教育与自我教育相结合。大学生思想政治教育既是教育者进行教育的过程，又是受教育者进行自我教育的过程。大学生思想政治教育要以学生能进行自我教育为目的，不断引导大学生增强自我教育的自觉性、主动性、创造性，逐步达到“教是为了不教”的最高教育境界。自我教育以教育为指导，既为教育提供重要的基础，又可减少自我教育的自发性、盲目性，提高自我教育的成效。教育与自我教育相结合的实质是把教育者的主导作用和受教育者的主动作用在平等的基础上结合起来，实现教育和自我教育的相互渗透、相互促进、相互转化。

### 2.大学生思想政治教育过程的双向化

过去大学生思想政治教育主要体现为教育主体对教育客体进行的单向教育，主体总是处于教育的地位，客体总是处于接受教育的地位，主体通过思想政治教育单方面作用于思想政治教育客体，思想政治教育客体在教育过程中只是接受主体的教育，主体与客体的关系是单向的传播与接受的关系。现在，在大学生思想政治教育过程中，主体和客体之间的关系已经成为一种双向互动的关系：不仅教育主体可以作用于教育客体，教育客体也可以作用于教育主体；教育主体可对教育客体进行思想政治教育，也必然与此同时要受到教育客体思想上的启发与影响；教育客体可以主动地接受思想政治教育，也必然反过来影响教育主体的教育活动；教育客体还可以在一定条件下转化为教育主体，主动进行思想政治教育，即自我教育。在大学生思想政治教育中，主体可以客体化，客体也可以主体化。大学生思想政治教育的过程实质上已转变为教育主体与教育客体双向互动、教学相长、优势互补、相互转化、共同发展的关系。

#### 3.大学生思想政治教育主客体关系的平等化

思想政治教育主体和客体的关系是大学生思想政治教育全过程中存在的基本关系。过去这一关系往往体现为主客体之间某种程度的不平等关系，教育者和受教育者之间往往是我说你听，往往处于教育权威地位。现在，随着社会的进步和现代科学技术的发展，教育者和受教育者的社会地位日益平等，教育主体和教育客体的角色、地位不再是一成不变、不可移易的，而是可以相互转化的。教育者和受教育者获取信息的机会日益均等，教育者和受教育者进行和接受思想政治教育的权利和义务日益平等，这些都意味着大学生思想政治教育主客体的关系更加平等，也意味着大学生思想政治教育的日趋民主。

### （四）大学生思想政治教育综合化发展趋势

大学生思想政治教育是一项综合性、系统性的工程，其综合化发展趋势主要体现在以下几个方面：

#### 1.大学生思想政治教育内容的系统化

大学生思想政治教育的根本任务是提高大学生的思想道德素质，促进大学生的全面发展，进而促进社会的全面发展。中共中央、国务院《关于进一步加强和改进大学生思想政治教育的意见》明确指出，在大学生思想政治教育中，要坚持以理想信念教育为核心，以爱国主义教育为重点，以公民道德教育为基础，以促进人的全面发展为目标。这体现了思想政治教育内容的系统化与整体化，是全面提高大学生思想道德素质和综合素质的内在需要。大学生思想政治教育的内容结构与大学生的思想道德素质结构有着内在联系。大学生的思想道德素质包括思想素质、政治素质、道德素质、心理素质，大学生思想政治教育也应包括思想教育、政治教育、道德教育、心理教育等。加强大学生的思想教育、政治教育、道德教育、心理教育，可相应提高大学生的思想素质、政治素质、道德素质、心理素质，优化大学生的思想道德素质结构，提高大学生的整体素质。大学生整体素质结构的优化需要系统开展思想政治教育，优化大学生思想政治教育内容体系，建立与大学生思想道德素质结构相对应的思想政治教育结构。大学生思想道德素质结构的优化决定了大学生思想政治教育结构的优化，大学生思想道德素质的综合化决定了大学生思想政治教育的综合化。

### 2.大学生思想政治教育力量的综合化

毛泽东在《关于正确处理人民内部矛盾的问题》中指出："思想政治工作，各个部门都要负责任。共产党应该管，青年团应该管，政府主管部门应该管，学校的校长教师更应该管。"在进行大学生思想政治教育时，要整合教育力量，优化资源配置，不断增强思想政治教育的合力。

从高校来看，就是要促进教书育人、管理育人、服务育人相结合，不断增强大学生思想政治教育的合力。高校的根本任务是立德树人，无论是任课教师还是行政人员，都在大学生思想政治教育中扮演着重要角色，担负着特殊使命，并且具有不同的教育优势，只有把教书育人、管理育人、服务育人结合起来，才能营造良好的育人环境，切实增强大学生思想政治教育的合力，促进大学生的全面发展和健康成长。

从全社会来看，就是要促进家庭教育、学校教育、社会教育相结合，不断增强大学生思想政治教育的社会合力。家庭教育、学校教育、社会教育在大学生思想政治教育中有着不同的职能和各自的优势。家庭教育是以血缘亲情为基础进行的教育，教育的主体是父母及其他家庭成员，教育的主要方式是以行导人、以情感人，潜移默化地进行教育。学校教育是有组织、有计划地按照党的教育方针对大学生进行思想政治教育，促进大学生全面发展的主要阵地，并对协调社会力量和家庭力量，开展大学生思想政治教育发挥着主导作用。社会教育主要是依靠社会各方面的力量，通过各种社会途径对大学生进行的思想政治教育。只有把家庭教育、学校教育、社会教育的力量加以整合，才能有效增强大学生思想政治教育的社会合力，提高大学生思想政治教育的整体效应。

### 3.大学生思想政治教育方法的多样化

思想问题的性质不同，解决思想问题的方法也不同。大学生的思想问题与大学生所处的环境有密切的关系。今天，大学生所处的时代环境比以前复杂得多，由此产生的大学生思想问题也比以前复杂得多，许多思想问题同政治问题、道德问题、心理问题交织在一起，解决这些思想问题不是某种单一的方法所能奏效的，必须同时运用多种方法才能解决。在这一过程中，尤其要注重多样化思想政治教育方法的组合运用，以不断提高思想政治教育整体效果。比如对大学生开展理想信念教育，理想信念教育既是个理论问题，又是个实践问题，既要通过加强理论教育引导大学生认识人类社会发展的客观规律和必然趋势，坚定共产主义的理想信念，又要通过加强实践教育尤其是改革开放 40 多年来我国社会主义现代化建设取得的巨大成就的教育，引导大学生从大量的事实中得出正确的结论，坚定走中国特色社会主义道路的政治信念。也就是说，只有把理论教育法与实践教育法结合起来才能更好地深化理想信念教育，帮助大学生牢固树立正确的理想信念。大学生的心理健康问题也是如此，既与大学生自身的心理素质有关，也与大学生对社会现实的认识有关，还与复杂环境中自身利益的维护与实现有关。因此，解决心理问题，就必须把心理咨询同思想教育、利益引导等有机结合起来。

总之，只有注重把思想政治教育的显性教育法和隐性教育法、主导教育法与自主选择法、传统教育法和现代教育法等结合起来综合运用，才能更好地解决大学生的思想问题，进一步增强大学生思想政治教育的实效性。

# 第二章　新时期大学生思想政治教育面临的机遇和挑战

## 第一节　新时期大学生思想政治教育面临的机遇

当代大学生是祖国的未来、民族的希望，肩负着实现中华民族伟大复兴中国梦的神圣使命。因此，党和国家对大学生思想政治教育的重视程度越来越高，投入也越来越多。就目前来看，我国大学生思想政治教育工作已经经历了很长一段时间的发展，并取得了一系列专业化成果。

### 一、全球化给大学生思想政治教育带来的机遇

#### （一）为大学生思想政治教育注入强大的力量

全球化的发展需要知识经济的强大支持，而全球化的发展又反过来有力地推动了知识经济的发展。所谓知识经济，是指以信息、知识为主要资源，以知识阶层为主体，以科技创新、人力资本为主要动力，以可持续发展为宏观特征，以服务业、高新技术产业为支柱产业的新型经济形式。在知识经济时代，创新、智慧、知识成了重要的代名词，这就从理论、方法、地位等方面为大学生思想政治教育带来了强大动力。

首先，知识经济使大学生思想政治教育的地位更加突出。知识经济时代倡导以人为本，对人才的要求是：具有高尚的道德情操、先进的思想、正确的政治方向和高级智慧。这一要求与大学生思想政治教育的方向是十分吻合的。随着知识经济的持续发展，大学生思想政治教育将受到人们越来越多的关注。

其次，知识经济使大学生思想政治教育的方法得到优化。近年来，由知识经济所带来的一些先进方法（如数据统计分析、数学模型构建等）被越来越广泛地应用到大学生思想政治教育中，这不仅使思想政治教育的定量分析能力得到了极大增强，还明显提升了思想政治教育的准确性。

### （二）为大学生思想政治教育提供了开放的环境

全球化意味着在全世界范围内进行资源的有效配置，其中当然也包括教育资源。换句话说，基于全球化的教育资源的开放与共享，使大学生思想政治教育有了更加开放的环境。

一方面，全球化赋予了大学生思想政治教育新的内涵。具体来说，大学生思想政治教育除关注马克思主义理论的发展与创新以及中国的具体国情之外，还应将目光投向丰富多彩的世界文明，不仅要用世界眼光来重新审视中国的传统文化，还应把握世界文化、思想、道德发展的最前沿。

另一方面，全球化有利于培养、强化大学生的全球意识与竞争意识，有利于他们解放思想、更新观念、扩大视野，从而使大学生思想政治教育具有更加先进的思想基础。此外，在全球化环境下，学习国外思想政治教育的先进理念，借鉴他们的成功经验也变得更加便捷。

### （三）为大学生思想政治教育提供了发展机遇

全球化以市场经济体制为前提，社会主义市场经济体制的建立与稳固为大学生思想政治教育创造了良好的环境。

首先，社会主义市场经济为大学生思想政治教育奠定了稳固的物质基础。

自从我国推行社会主义市场经济体制以来，国民经济一直保持着稳定、健康、持续的增长势头，不仅社会生产力快速发展，人民的生活水平也得到了大幅提高。这一方面为大学生思想政治教育创造了稳固的物质基础，另一方面也为思想政治教育提供了有力的佐证，大大提高了思想政治教育的感染力与说服力。

其次，社会主义市场经济为大学生思想政治教育注入了新的活力。在过去很长一段时间内，大学生思想政治教育将马克思主义理论作为指导，并以帮助大学生树立科学、正确的价值观、世界观、人生观为主要内容，这对于大学生的成长与发展具有积极的促进作用。随着时代的进步，市场经济体制所倡导的价值规律与优胜劣汰思想逐渐深入人心。在这样的时代背景下，大学生思想政治教育在原有内容的基础上将公平、自由、正义、民主等观念也列为基本内容，从而使大学生思想政治教育获得了新生力量。

## 二、社会转型给大学生思想政治教育带来的机遇

### （一）促进大学生思想观念的改变

第一，思想解放，富有开拓创新精神。在社会转型阶段，各种思想观念得以共存，人们的思想得到更大程度的解放。在这样的环境下，大学生得以接触到更多元的文化，他们的视野更加开阔，很少受到传统观念的束缚，也具有了更强的合作意识与创新意识。

第二，主体意识与竞争意识增强。在社会转型的时代背景下，高等教育以扩招为起点，逐渐向“后勤社会化”“弹性学分制”“自主择业，双向选择”的方向发展。面对社会上纷繁复杂的新问题，当代大学生不附众、不盲从，他们对自我进行重新审视，并用一种全新的眼光来看待周围的事物，体现出令人欣喜的主体意识。社会主义市场经济体制下，优胜劣汰的竞争机制给社会各个领域、各个层面都带来巨大的影响，高等教育也不例外。身处竞争环境的大学生

更加注重独立能力、个人技能的提高，更加注重个人素质的提升与创造力的增强，以此来适应日益激烈的竞争环境。

第三，价值取向多元化。自从将改革开放确定为我国的基本国策以来，社会转型全面展开，人们的就业观念发生了明显转变。具体来说，血亲、地域等传统归属格局不再成为人们就业的障碍，传统的被动服从型人员流动逐渐向主动选择型转变。在这样的时代背景下，易于接受新观点的大学生受到多种思想观念的影响，其价值取向必将呈现出多元化的趋向。

第四，民主与法治意识增强。社会主义市场经济有序运转的重要前提是法治的完善，社会主义市场经济对国家、社会、单位、个人的法治意识都提出了更高要求。经过多年的法治教育与宣传，广大公民特别是大学生的法治意识有了明显的提升。具体来说，不论是对学校的教育教学管理制度还是国家的法律法规，大学生大都能自觉遵守，他们对自身行为的约束力也有了显著加强。

### （二）为大学生思想政治教育创造了新的环境氛围

社会转型使高校面临着一个新的社会环境。社会主义市场经济倡导的民主、平等、自由、竞争、合作等新的观念逐渐成为人们的共识，这些新观念也渗透到大学生思想政治教育工作中，形成民主和谐、平等协商、创新进取的思想环境。社会主义市场经济科学、民主、高效和务实的管理模式极大地影响着大学生思想政治教育的管理体制和模式，新的大学生思想政治教育的管理体制和模式正在形成。在新的环境下，社会和高校之间的界限逐渐变得模糊，两者在多层次和多领域进行交流和合作，既促进了社会主义市场经济体制的建立，又加快了高校改革和发展的进程。

### （三）为大学生思想政治教育增添了新活力

社会转型给传统的大学生思想政治教育注入了新的活力，开拓了新的视野，丰富了大学生思想政治教育的内容，为改进和加强大学生思想政治教育提供了新的思路。处于不同经济地位的社会成员具有不同的精神追求和不同的价值观念，随着人们的视野从国内转向全世界，接触的东西不断增多，可供选择的范围不断增大，人们的思想变得更加活跃，趋利性日趋明显，人们在政治、经济、文化生活上的选择更加自主、灵活、多样。这些变化都给大学生思想政治教育提出了新的课题，要求大学生思想政治教育尽快适应这些新变化，积极主动地吸收利用各方面的有利因素，在社会转型条件下不断深化对大学生思想政治教育特点和规律的认识。

## 三、新媒体给大学生思想政治教育带来的机遇

在新媒体的影响下，大学生思想政治教育教学步入了新情境。新媒体对大学生思想政治教育产生了广泛而深远的现实影响，其技术手段在大学生思想政治教育中的实际运用为教师的教育教学活动提供了更为便捷的条件，极大地丰富了教育教学的形式，并在一定程度上深化了教育教学的内容。总之，相较于枯燥的传统思想政治教育，新媒体时代大学生思想政治教育更有活力。

### （一）促进大学生思想政治教育实现了信息交流双向化

新媒体时代使得信息接受者和传播者的交流更加紧密，并且参与者不仅是信息的浏览者也是信息的生产者。网络新媒体正式成为舆论新格局的重要组成部分，成为思想文化信息的集散地和社会舆论的放大镜。当代大学生可以通过网络媒介及时有效地关注公共事务以及时事热点，并通过网络发表自己独特的看法和见解，积极地参与到社会的发展中。这种参与公共事务的方式更加方便，也更有活力，同时又能给社会带来不可估量的正面效应。

### （二）使大学生思想政治教育内容、手段更加多样和灵活

以往高校对大学生所进行的思想政治教育，主要采用的是授课或是读报、

作报告的形式，这种形式耗费的人力、精力巨大，需要教师花费很多的时间对资料进行收集、整理；而传授知识的方式通常是直接对学生进行“灌输”，这种单方面的授课方式对大学生成长的帮助是极为有限的。随着信息技术的不断发展和新媒体的不断普及，思想政治教育信息的传播效率大大提高，这是其优于传统媒体的重要原因。通过对新媒体的使用，思想政治教育工作者就可以在收集、整理、选择、分析资料方面节省更多的时间，有利于教学合力的形成。通过利用新媒体技术进行教学，学生的多种感官可以同时感知到知识的传播，最终的学习效果要比单一感官感知的效果要好得多。尤其是虚拟现实技术的开发和使用，可以让人身临其境地感知学习，利用图片、音乐、动画及仿真画面等充分调动起人们的感官，最大限度地提高学生的学习效率。因此，在新媒体时代环境下，大学生思想政治教育工作者必须改变以往的教学模式，改进教育方法，充分利用现代科技成果和现代传播手段，以此来提高大学生思想政治教育的实践效果。

### （三）给大学生思想政治教育注入了新的知识

众所周知，创新是新媒体发展的主要动力，而思想政治教育也离不开创新精神。因此，思想政治教育可以有效地借助新媒体发展过程中体现出来的创新意识和先进思想，并以新媒体为依托，顺应时代的潮流，焕发新的活力。在对大学生进行思想政治教育的过程中，思想政治教育工作者若能够立足实践进行创新，创新教育内容和教育方式，将会更加契合大学生自身的特点，这样的教育方式会更加贴近实际，并且能够拓宽知识来源，加强大学生对知识的内化和吸收。

### （四）开阔了大学生思想政治教育的空间

网络自身所具有的开放性，使得人们之间的交流打破了地域的限制，变得更加自由与便捷。随着互联网技术的不断发展和普及，世界仿佛变成了一个

“地球村”，人们不用走出屋子就可以了解到世界各地的时事动态，拓宽了人们的眼界。将新媒体作为大学生思想政治教育的载体，可以拓展教育的空间，增加教育的覆盖范围，与传统教育模式相比，新媒体使得受教育人数的有限上升为无限，为我们传播马克思主义基本原理与社会主义核心价值观等提供了有利的条件。例如，如果人们想要获取某一方面的知识和信息，不再需要在规定的时间和规定的地点去聆听，只需要一个可以联网的终端就可以获取任意想了解的东西，包括世界各地的政治、经济、文化、教育、军事、生活等方面的信息。

以互联网为基础所发展起来的交互式远程教育，为大学生思想政治教育提供了更广的传播途径。这种互联网教育模式突破了以往“学校”和“围墙”的限制，无论是处于什么地方的学生，都可以在互联网的帮助下实现教育资源的共享，同时还可以与其他学生进行交流和讨论，自由地与教师进行咨询和探讨。此外，通过互联网，家长还可以随时关注学生的学习动态，同时也可以与学校保持密切的联系，双方共同合作，加强对学生的监督，提高学生的学习效果。交互式的远程教育的使用，使得原本面对部分人群的有限的教育空间，变成面对社会公众、更加开放的教育空间，这就在很大程度上拓展了思想政治教育的范围，有利于提高全民的思想政治素质。

一般来看，传统的大学生思想政治教育，通常是通过课堂讲授的方式向学生传授知识，在高校教育中占据主导地位。新媒体思想政治教育的出现，为学生提供了一个更大的学习空间，通过互联网学生就可以了解到世界各地的思想观点、风俗习惯和文化思潮等，全方位提高了思想政治教育的社会化程度。互联网的出现，打破了学校与社会的限制，学生可以通过网络来接触社会，为进入社会打下坚实的思想基础。

### （五）为大学生思想政治教育创造了动力条件

新媒体创设了虚拟与现实共存的环境，所以其具有的开放性和共享性为提供教育动力创造了条件。虽然新媒体因其本身的虚拟性会存在一定的局限，但是它的虚拟却是建立在与现实相联系、反映现实的基础上的。学校可以利用新媒体这一特性，充分发挥其作用，更好地利用资源对大学生进行思想政治教育，并能够积极探索新媒体环境下大学生思想政治教育的特点，开发与大学生身心相适应的思想政治教育模式，使思想政治教育更能体现时代的特性，进而焕发出新的活力。

综上分析，大学生离不开新媒体，并深受新媒体的影响，同时新媒体的信息量大、交互性强等特点也为开展思想引领工作提供了更为丰富的渠道和方法。大学生思想政治教育工作者必然要利用这一天然的契合点，正确引导大学生树立科学的发展观与成才观，引导他们走上正确的人生道路。大学生思想政治教育工作者必须全方面地了解大学生的实际情况，根据大学生自身的特点，通过新媒体激活思想政治教育的相关内容，引导他们对新媒体有正确、客观、全面的认识，并学会运用新媒体为自己综合素质的提高服务，自觉抵御不良信息的干扰，客观评价事物及个体的属性，促进自我的全面发展。

## 第二节　新时期大学生思想政治教育面临的挑战

当前环境的变化在给大学生思想政治教育带来机遇的同时，也给大学生思想政治教育带来了巨大的挑战。了解这些挑战有助于我们采取相应的措施来提高大学生思想政治教育的实效性。

## 一、全球化给大学生思想政治教育带来的挑战

### （一）使大学生思想政治教育难度加大

全球化为大学生思想政治教育带来了一些过去不曾遇到的困难，从而使其难度增加，这主要体现在以下两个方面：

一是全球化将经济效益最大化作为追求目标，这就使经济因素在社会发展过程中的作用得到强化，并在无形之中降低了道德因素在人们心目中的位置，使经济利益逐渐在价值观构建中产生更大的影响。反映到大学生思想政治教育领域，则出现了大学生对思想政治教育逐渐轻视的趋势。大学生是民族的新生力量，是社会主义事业的建设者和接班人，对于国家的未来具有举足轻重的作用。因此，一方面要继续做好大学生的学科知识教学；另一方面更要坚持“德育为先”的原则，不断巩固思想政治教育在整个教育体系中的地位。

二是市场经济使大学生的心理环境发生变化，并为他们带来思想观念上的冲击。具体来说，当代大学生的成长阶段正好是我国社会主义市场经济的蓬勃发展阶段，因此大学生的个体意识比较强烈，他们大都追求经济上的独立自主与个性的自由发展，集体主义意识相对淡薄。若没有得到及时有效的引导与教育，他们极可能出现极端的个人主义倾向。此外，当他们面对充满诱惑的物质环境时也很容易抛弃道德因素与政治立场，出现思想上的困惑，有的甚至陷入拜金主义的泥潭。因此，为使大学生坚持一条正确、科学、良性的发展道路，强化思想政治教育是十分必要的。

### （二）加大了社会不公和教育不公

全球化使市场竞争的作用逐渐突显，而竞争的结果就是优胜劣汰。中国幅员辽阔、人口众多，区域经济发展的不平衡性更加突出。具体到教育领域，则表现为一些边远地区与经济落后地区的教育水平滞后于东部沿海地区与经济

发达地区。

长期以来，一些地区的教育滞后问题是有目共睹的，越来越多的学者都将关注的焦点投向农民工子女与家庭经济困难子女的受教育权利领域，即教育公平领域。对在校大学生来说，只有在得到基本的物质生活保障的前提下，他们才有可能全身心地投入到科学知识的学习与思想政治学习中来。因此，家庭经济困难学生的思想政治教育仍是大学生思想政治教育体系中的难点与重点。

### （三）挑战社会主义理想信念教育

全球化国际分工体系和市场体系的形成，使商品、资本跨越不同社会制度自由流动，把整个世界联结成一个有机整体。社会主义经济与资本主义经济相互交织、相互融合，社会主义制度与资本主义制度的关系也由“遏制—对抗”为主转变为“接触—合作”为主，既对抗又合作成为当今资本主义和社会主义相互关系的基本态势。然而，在这种时代背景下，有些人淡化了“两种制度”之间的差异与对立，社会主义信念不再坚定。一部分人甚至一些领导干部盲目推崇西方价值体系，往往用西方的理论、制度、发展模式、价值观念、生活水平等来解构、批判中国现实，丧失了应有的国家和民族精神的独立性。对此，中共中央组织部在 2014 年印发了《关于在干部教育培训中加强理想信念和道德品行教育的通知》（以下简称《通知》），要求各地区各部门加强理想信念和道德品行教育，引导和帮助干部始终坚定共产主义理想和中国特色社会主义信念，始终坚守共产党人的精神家园。《通知》指出，开展理想信念教育，关键是要引导干部把理想信念建立在对科学理论的理性认同上、对历史规律的正确认识上、对基本国情的准确把握上。要深入开展马克思主义教育，使干部真正领会贯穿其中的马克思主义立场观点方法，坚定对马克思主义的信仰，防止在西方宪政民主、“普世价值”、“公民社会”等言论的鼓噪下迷失方向，防止在封建迷信和宗教的影响下失去自我。要深入开展中华优秀传统文化教育，引导干部继承和弘扬传统美德，捍卫国家和民族的精神独立性，防止成为西方道德价值的“应声虫”。

## （四）冲击了爱国主义教育

全球化对爱国主义教育的冲击主要表现在以下两个方面：

一是全球化背景下爱国主义的相关理念受到了冲击。在全球化的推动下，各国之间的相互联系、相互依存空前加强，各国利益相互交织，加上现代交通、通信、网络技术的飞速发展，联合国等国际组织作用的增强等，国家、地域的概念趋于淡化，世界仿佛已经变成了“地球村”。在全球化进程中，人们所处的环境与看问题的角度等都发生了变化，传统的国家观念、主权观念、民族观念及爱国主义思想均受到了不同程度的挑战，一部分人的爱国理念与爱国情感受到了冲击。这主要表现为民族虚无主义和狭隘的民族主义思想并存：民族虚无主义认为，世界各民族正在融为一体，国界正在消失，没有必要把个人同特定的国家、民族捆绑在一起，应该淡化国家民族观念。这种观点实质上是丧失民族精神，丧失国家认同感和民族自信心的表现。狭隘的民族主义者认为，在全球化背景下本民族的利益绝对高于其他民族的利益，为了维护本民族利益，必然排斥甚至牺牲其他民族利益。

二是全球化背景下高校爱国主义教育的方式和途径面临挑战。全球化的开放性使得家庭、学校、社会形成了更加直接、有机的联系和相互渗透的态势，家庭尤其是社会对人们的影响越来越大。这就使得爱国主义教育途径由传统的“家庭的基础地位、学校的中心地位、社会的辅助地位”转向“家庭的辅助地位、学校的基础地位和社会的中心地位”，社会性途径在爱国主义教育中的地位和作用越来越凸显。同时，全球化也使得传统的以“灌输”为主的教育方式面临诸多不适。在政治多极化、文化价值多元化的开放环境中，教育对象无时无刻、随时随地都会受到来自四面八方的各种思潮的冲击，特别是西方价值观念、思维方式和意识形态对个人的影响无处不在、无时不有、潜移默化。改变教育的策略和方法，提高爱国主义教育方式的艺术性与开放性，是当代爱国主义教育迫切需要解决的问题。全球化背景下，以经济和科技实力为基础的综合国力的竞争日趋激烈，国家利益的发展和维护也面临更加复杂的国际环境。随着中国的崛起，某些大国把中国当作战略竞争对手，企图破坏中国安定团结、稳定发展的大好局面，对中国的内政外交进行各种阻挠、干涉和遏制。中国作为一个发展中的社会主义大国，要真正自立于世界民族之林，在增强综合国力的同时，必须大力增强民族凝聚力。当前，既要克服盲目排外、自我封闭的狭隘民族主义，又要旗帜鲜明地加强爱国主义教育，弘扬和培育民族精神，积极维护民族的独立和国家主权的完整，为实现中华民族伟大复兴中国梦营造良好的国际环境。

## 二、社会转型给大学生思想政治教育带来的挑战

### （一）大学精神面临困境

所谓大学精神，是指大学校园群体所表现出来的共同、一致的思想追求。具体来说，大学精神既包括科学精神、人文精神、超越精神、独立批判精神，又包括功利主义、现实主义、理想主义以及顺应潮流的价值取向等。

大学精神在社会转型时期所面临的困境主要体现在以下几个方面：

第一，人文精神发展相对滞后。人文精神是一种人类对自身给予关注的价值观念，是人类以深邃的眼光、宽阔的眼界对人的实践规范、激活状态以及自觉意识进行的总结与概括，涉及生态结构、生命活动、生存理念等问题。具体来说，大学的人文精神倡导个性的解放以及人与自然的和谐发展，坚持建立和谐、平等、自由的人际关系，主张追求个性，重视主体意识与理性原则。此外，大学的人文精神还追求理想的实现与理想人格的养成，主张充分发挥人的价值，对超越现实的理想世界要执着探索，以体现大学教育所应具备的历史使命感与社会责任感。科学精神是一个范畴很广泛的概念，既包括科学思维方式、

科学理念，又包括科学实践。它随着人类科学活动的产生、发展而不断前进，主要表现为勤于研修、勇于创新、敢于怀疑、大胆求是、勇于探索、积极思考等品质。人文精神与科学精神是大学精神的重要组成部分与体现形式，也是大学精神的核心，充分体现了大学揭示本质、探索真理的精神内核。人文精神与科学精神两者是相辅相成的，人文精神的丰富有利于科学精神的完善，科学精神所带来的物质现实有利于人类的自我解放、自我提高与自我完善。需要特别说明的是，人文精神与科学精神的差异也是比较明显的。功利性、实用性、真实性是科学的典型特点，这使得科学成为人类生产力进步的推动力量以及物质文明进步的重要途径。但是，单纯的科技主义易使人成为单向度的人。相比较而言，人文精神不断对单纯化的生活状态进行反抗与挑战，它摆脱功利主义的羁绊并返回生命存在的本源，从而促使人们找寻自己的精神渊源以及现代社会所失落的意义。科学技术在社会转型的过程中发挥着不容忽视的作用，这使科学的地位得到极大提升。一般来说，学科的资金支持多偏向于理工学科。值得注意的是，科学技术是一把“双刃剑”，科学技术在为人类创造福祉的同时，也常常带来一些意想不到的后果，如人格失态、环境失序、生态失衡、精神失落、道德失范、资源失调等。如果科学技术没有得到必要的规范与正当的约束，甚至会给人类带来毁灭性的灾难。因此，在认可科学技术积极作用的同时，应对人文精神进行大力倡导与加强，使科学技术的发展遵循基本的道德要求与人文精神，从而尽最大努力遏制科学的消极作用，充分发挥其积极作用。换句话说，科学技术离不开人文精神的规范与指引。

第二，对理想的追求现实化。大学精神鼓励莘莘学子为理想而奋斗，要有对理想不懈追求的雄心壮志，并对现实永不满足，这正是大学精神昂扬向上的动力。具体来说，大学生的理想主义主要表现在：保持自己应具备的社会责任感与使命感，追求精神超越，主张现实是澄明有序的，坚信未来是美好的。在社会转型期，大学精神遇到了现代工具主义理性观点的冲击，理想主义不再占据主导地位，大学生的价值观失衡，大学校园充斥着庸俗、浮躁、功利的思潮。从教师方面来看，由于受到功利主义思想的影响，原本对学问的执着追求逐渐沦为功名的“敲门砖”、虚荣的装饰以及用来满足个人私欲的手段。清华大学前校长梅贻琦曾言:“所谓大学者，非谓有大楼之谓也，有大师之谓也。”而如今，学术失范、学术不端、学术作假、学术“泡沫化”现象却屡见不鲜。从学生方面来看，现实主义的影响使个别大学生减少了对理想的追求与对真理的执着，他们也不再注重精神品位的提升。大学生面临的是价值理性与工具理性的错位，以及由此所带来的学子精神的缺失。他们正由理想主义逐渐下滑至现实主义的窠巢。

第三，独立批判精神的缺位与媚俗价值取向的泛化。在任何社会中，大学都是高等学府。纵观中外大学的发展历程，独立性与批判精神是大学永恒魅力的生命点。其一，大学是独立的。只有人类理智与自由精神的最高表现才是真正的学术。因此，学术不是被动的，而是主动的；学术不是依赖的，而是独立的。换句话说，不能独立自由的学术在本质上不是真正的学术，学术必须是自由的。因此，具备独立精神是以学术研究为使命的大学的基本追求。其二，大学应具备批判精神。大学的批判精神既涉及知识分子对社会生活的审视性，也包含知识分子对社会生活的超越性。知识分子既要对直接利益与经验以外的意义的符号问题予以关注，还要对社会规范问题展开研究，并在此基础上展开批判性、创造性的思考，这是一个知识分子的天职，更是其不能推卸的责任。因此，大学生的判断能力、自觉意识与社会责任感会自然促使批判精神的产生。当今的大学生是随着社会转型一起成长的，自他们出生之时起，迎合性、顺从性等时代因子就伴随在他们左右，从而成为他们成长过程中的营养品。在这样的环境下，甚至连大学的存在价值都会受到挑战。

第四，物质的实用主义遮蔽了大学的超越精神。一般来说，大学的超越精神具有两个层面的含义:一方面是对物质功利的超越。企业从事的是物质生产，是以营利为目的的机构，而大学与企业的最大区别就在于大学从事的是精神生产，且不以营利为目的，这正是大学的本质所在。另一方面是对现实社会的超越。现实社会为大学提供了精神基础，大学精神是对现实的反映。但是，基于大学的特定功能，大学精神在反映社会时不是被动地、机械地反映，而必须持一种批判态度，既要独立于社会，又要超越社会。大学在社会转型期从原来的社会边缘逐渐走入社会的中心，社会赋予的经济职能逐渐增多。与过去相比，大学面临着更多的经济利益诱惑。于是，当遇到一些能够很快投入实际应用并能带来客观收入的学科，诸多大学人往往趋之若鹜，一些有益于人类心灵成长与精神境界提升的学科则少有人问津。此时，大学校方采取了多种课程调整的方案，不能带来经济效益的课程比重被削减，一些实用性学科的投入得到加强。虽然人文课程的意义一再被强调，但其实际效果却不尽如人意。

### （二）校园文化价值冲突

社会转型使得校园文化价值冲突愈加明显，主要表现在以下四个方面：

第一，“中”与“外”的文化冲突。社会转型不仅是中国社会内部的变化，还是一个由封闭向开放的转变过程。我们不仅将国外的人才、资金、技术等引入国内，国外的文化也随之进入国门。这就使本土文化受到西方文化的直接冲击，其直接表现就是本土文化的情感理念、顺从观，与西方文化的理性意识、主体观之间的矛盾。在西方文化的影响下，越来越多大学生的主体意识被唤醒，他们开始用一种理性的观点来重新审视社会、反思历史，形成了自己的怀疑精神与批判意识，这在客观上对中国传统文化所倡导的群体意识、顺从意识产生了猛烈的冲击。

第二，“旧”与“新”的价值冲突。社会转型期是新、旧两种社会体制相互斗争、相互融合的过程。因此，在进行价值选择与价值判断时，不可避免地会遇到新旧价值的冲突。具体来说，一种是指向未来的新生力量，一种是来源于历史的守旧力量。大学校园也处于社会价值观的变革之中，因此大学生必将面临现代价值文化与传统价值文化之间的冲突。

第三，“科技”与“人文”的冲突。近年来，科学技术知识的更新周期越来越短，学科分类也逐渐趋于精细化，越来越多的大学生将更多的精力投入到专业知识的学习中，这就使得他们的思维方式被科学的工具理性所左右，有的学校甚至出现了科学主义意识过度膨胀的倾向。但是，当大学生走出校园、步入社会之后，其残存的人文精神很容易被科学理性异化或吞噬。从积极的角度来看，各层面的价值冲突出现在校园文化中有利于校园文化的整合与进步，其价值体系也会得到更新，因为文化的发展常常遵循从冲突到融合的规律。从不利的角度来看，校园文化中的价值冲突为大学生的信仰、价值观、道德标准等所带来的消极影响也是不容忽视的。具体说来，当错综复杂的价值冲突出现在校园中时，大学生面临的不再是单一的传统价值体系，而是多元的价值标准。于是，他们不得不面对价值选择的困难。当遇到庸俗文化模式时，优秀的文化价值观念常常被披上放荡不羁的价值外壳，并因具有神秘色彩而逐渐消融。在这种情况下，只有经过哲学思考才能保持自己的价值判断。但大学生又常常懒于思考，于是他们对价值选择逐渐失去理性与耐心。尤其是当大学生面临激烈的价值冲突时，他们常常对校园整体文化因素和现代传播媒介全盘、被动、盲目地接受，而很少注意到思想家的睿智与深沉、殉道者的执着与悲壮、先行者的超俗与崇高，这就必然使他们陷入与他人、与自身的矛盾之中。

第四，“通俗”与“高雅”的冲突。在社会转型期，多样的文化形态纷纷在社会大舞台亮相，其中既有通俗的，也有高雅的。通俗文化常常传递着对未来怀疑、对永恒漠视、崇拜眼前利益、重视偶然因素的价值取向，且大都具有浅显、媚俗的文化形态，极易满足大学生的某些感官需要。相比较而言，高雅文化具有理性、智慧的精神内核，大力倡导真善美的价值观念，竭尽全力地将人类文明中至纯至真、至高至上的内涵传递出来。就目前的情况来看，通俗文化在大学生心目中占有更加重要的地位，这一方面来源于社会转型所产生的浮躁氛围，另一方面也与大学生急功近利的价值取向密切相关。

### （三）大学生道德信念危机

信念是认识、情感和意志组成的“合金”，是人们在生产、生活实践中所形成的对事物、观念的高度信服与绝对真诚，是人的精神活动的重要组成部分。

同时，信念还能够赋予人们一种身体力行、执着追求的精神动力。从存在形式、发挥意义等方面来分析，道德就是信念的存在方式与活动方式。因此，道德信念不仅指一个人对于某种道德要求、道德理想、人生观的坚信，还包括由这种坚信所外化的履行某种道德义务的强烈责任感。由此可见，作为一种存在于人们内心的内化规范，道德只有被真心诚意地接受，才能在现实生活中转化为人的行动。

社会转型使社会大环境在很多方面都发生了改变，人们的道德信念也发生了偏离。部分大学生由此受到了不良影响，出现了道德信念危机，具体表现为借贷不还、信用缺失、抄袭和剽窃他人的学术成果、考试作弊等现象的增多。

## 三、新媒体给大学生思想政治教育带来的挑战

### （一）新媒体环境中存在对大学生思想政治教育的一些不利因素

在新媒体环境中存在对大学生思想政治教育的一些不利因素，这些不利因素主要有：

第一，文化环境的多元化。由于新媒体的作用，整个世界各个地区的距离被大大拉近，因而就有了“地球村”这个名词。新媒体的出现使整个世界发生了重大变化，“不出门就知天下事”成了现实，各国各界人士都可以通过新媒体进行交流。不同的地域文化之间的交流因为新媒体的出现变得更加通畅，各个地域的文化在相互交融中使自身朝着新的方向继续发展的同时，也带来了不同文化之间的碰撞。在新媒体环境中，难以避免东西方文化的冲突、本土文化与外来文化的冲突，甚至一些消极的、不健康的西方文化也伺机侵入，这给文化领域带来不小的冲击。新媒体由于其自身的相对自由性，使文化更容易传播渗透，不良文化也更容易滋生肆虐。而所有这些，无疑加重了大学生思想政治教育的难度。

第二，政治环境具有潜隐性。以互联网为代表的新媒体最初在美国兴起，后来在西方国家迅速流传开来。西方发达国家的某些政客喜欢把他们的东西强加给发展中国家，并利用网络的便捷性来宣传他们的政治言论，标榜他们政治制度的合理性和所谓的“民主”，竭力将他们的政治文化、政治理念、政治意识形态等塞给发展中国家，我国也不可避免地遭受到这种压迫。发达国家的这种做法目的在于降低我们的民族认同感，从意识形态方面“侵略”我们。近几年，在我国发生的突发性政治事件几乎都与海外势力有关。因此，新媒体的作用不容小觑，无论是政治思想还是意识形态，新媒体的不利影响都会带给我国许多潜在的威胁。由于我国在新媒体方面起步较晚，因而在新媒体技术等方面还不太成熟，对信息的控制力与屏蔽能力有限，这就使我国整体处于弱势地位。

第三，舆论环境在一定程度上具有不可控性。新媒体的出现使得人们的言论比起以前更加自由，通过新媒体，无论哪个阶层、哪个地区的人们都可以相互交流，而且言论范围无所不及，这就使得大众传媒对舆论的控制力与监督力受到空前的挑战。同时，由于媒介信息的流动性和随意性，不良信息肆意滋生扩散，仅依靠政府的力量来控制新媒体不良信息的流动散布，是一件十分困难的事情，或许政府可以暂时控制住某一个事件，但是并不能保证在别的时刻对于别的事件的发生也能及时控制，因而就要依靠法律的力量来进行约束。

第四，理性环境缺乏。通过新媒体，人们可以畅所欲言，而且言论不受时间、地域的限制。这就给一些不法分子提供了可乘之机，使许多不法分子蠢蠢欲动，做出一些违背道德伦理甚至违法的事情，而且同时使一些人患上当下流行的“网络综合征”。还有部分未成年人因为迷上了网络而辍学，甚至做出一些违法行为。除此之外，由于网络的频繁使用，人与人之间的关系变得越来越冷漠。家庭关系、同事关系、朋友关系因为网络的介入而变得大不如从前，甚至许多家庭因为网络而发生破裂。综上所述，新媒体在给整个社会环境带来了便利的同时，也造成安全性的缺失，使人变得越来越非理性。

第五，伦理环境具有困惑性。许多人看到了新媒体的虚拟性，因而觉得利用新媒体干任何事情都是自由的，这就引发了许多伦理道德问题。随着新媒体的发展，道德相对主义、无政府主义和个人主义也逐步流行和泛滥。人们普遍会错误地认为，在新媒体这个虚拟的自由世界中，自己的所作所为不会被人所知，也不会被轻易看到，更不会因行为不当、不道德而受到舆论的指责。因此，新媒体成为许多人不良思想、不良行为滋生的温床，传统的道德观、价值观、伦理观受到严重的冲击。

正是上述新媒体环境存在的现实问题，对大学生思想政治教育产生了巨大的冲击，增加了大学生思想政治教育工作的难度。

### （二）网络话语的解构功能过于强大

大量流行的网络话语，与传统的话语思维有着很大的差异性，可以说它们都是颠覆传统的政治语言或者社会语言的。例如，一些看似寻常的社会事件在微博上受到追捧时，会迅速发生链式反应并在用户中快速扩散和传播，获得持续的关注和舆论反应，最终把网络上的舆论热点变为社会公共舆论热点。而那些被人们不断联想到的网络热门词汇却是与传统意识形态相背离的。

### （三）复杂环境不利于马克思主义的传播

新媒体的信息覆盖面广，内容繁多，由于其自由化和碎片化的特征，使得信息在传播过程中容易发生偏向，导致人们断章取义地引用和理解，甚至歪曲事实真相。例如，微博上的信息真伪难辨，由于把关环节的缺失，导致微博上充斥着一些直接炮制的假信息，直接影响到社会舆论的客观性。由此可见，新媒体信息传播的一系列特性都为一些负面以及别有用心的假信息的扩散提供了一种特殊的渠道，对当代大学生的思想产生了恶劣的影响。一些西方国家以“民主”“人权”和“普世价值”为借口，妄想来分裂中国人民的凝聚力，这极大地考验了大学生思想政治教育工作者的持久毅力和内心意志。

## （四）新媒体的发展导致人际关系疏离

新媒体中人们的交往主要是人机对话或以计算机为中介的交流，表面上，人们可以通过电子邮件、网络即时通信工具等方便、快捷的方式进行交流，与古代书信来往相比，大大缩小了时间和距离上的差距，同时也拉近了人与人之间的距离。但事实上，由于每个人都会沉浸在网络里，因而就在现实的人与人之间建立起一道厚厚的屏障，人们在人际交往中变得越来越冷漠，缺乏安全感。

大学生思想政治教育者在与遭遇了上述问题的大学生进行沟通时，会出现一些障碍，教育者与学生之间如果缺乏精神上的交流与沟通，那么两者在思想、情感和感受上就不可能实现相互渗透。一些学生不愿意打开心扉，加大了大学生思想政治教育工作的难度。

## （五）新媒体对思想政治教育工作者提出了更高要求

信息社会中，教师的职能虽然还是教书育人，但是与传统教师的具体职能相比已经有了很大的不同。在过去的传统教学过程中，教师拥有绝对的知识权，被学生簇拥在讲台中央。新媒体时代的到来打破了这种传统，学生可以通过新媒体获得其渴望得到的知识，而且与教师的讲解比较起来，知识内容更加丰富、具体，知识的展现方式也更加多样化、形象化和动态化。这就需要教师不断提高自己的知识水平，不仅要有大量的知识存储，同时要想办法将这些知识用更加生动形象的方式表述出来，这对教师的思维能力、语言能力、灵活应对能力提出了相应的挑战。因此，教师要与时俱进，不断提高自己传授知识的能力和技巧，在纷繁复杂的新媒体时代提高自身的教育素质和教学能力。

# 第三章　新时期大学生思想政治教育的原则和理念

## 第一节　新时期大学生思想政治教育的原则

大学生思想政治教育原则，是在大学生思想政治教育的实践中形成的，贯穿大学生思想政治教育全过程，是开展大学生思想政治教育活动必须遵循的具体指导思想和基本要求。新时期大学生思想政治教育只有在实践中坚持思想政治教育原则，才能不断提高大学生思想政治教育的针对性和实效性。

### 一、方向性原则

方向性原则是指大学生思想政治教育的全部活动要始终与社会发展的要求相一致，坚持正确的政治方向不动摇。当前，方向性原则主要体现为大学生思想政治教育要旗帜鲜明地坚持社会主义和共产主义方向，坚持党的基本路线，要与中国共产党的纲领与宗旨相一致。坚持方向性原则对大学生思想政治教育活动具有非常重要的意义：首先，只有坚持方向性原则，才能保持无产阶级思想政治教育的本质特色；其次，只有坚持方向性原则才，能统一人们的思想与行动，充分发挥思想政治教育的作用；最后，坚持方向性原则是实现思想政治教育价值的根本要求，思想政治教育价值的实现与否，必须以教育目的的实现程度和方向性原则的贯彻程度来衡量。

要在大学生思想政治教育过程中坚持社会主义方向：首先，必须始终坚持以马列主义、毛泽东思想和中国特色社会主义理论体系作为思想政治教育的指导思想；其次，提高贯彻思想政治教育方向性原则的自觉性。1985 年 3 月 7 日，邓小平在全国科技工作会议上的讲话中指出："我们干的是社会主义事业，最终目的是实现共产主义。这一点，我希望宣传方面任何时候都不要忽略。"作为以培育"四有"新人为己任的大学生思想政治教育，更要始终牢记这一点。要使大学生思想政治教育工作者认识到，坚持思想政治教育的共产主义方向，是有效开展大学生思想政治教育活动的根本保证，因而在实际工作中要自觉运用这一原则，将其精神贯穿在具体的思想政治教育活动中。同时，也要帮助大学生认识到，坚持正确的政治方向，有利于个人的全面发展，有利于政治与业务的统一，有利于"红"与"专"的统一、"德"与"才"的统一，从而坚持向共产主义方向前进。最后，贯彻方向性原则必须讲究科学性。要很好地贯彻方向性原则，就必须将坚定的原则性与方法的灵活性结合起来，努力使大学生思想政治教育自然地渗透到社会生活的方方面面，从而潜移默化地影响人。要努力探寻方向性原则与思想政治教育具体目标之间的契合点，并以方向性原则统摄各种具体目标，使共产主义方向成为大学生思想政治教育的灵魂。

## 二、求实原则

求实原则，它体现了一种科学的工作态度。思想政治教育是一项实实在在的转变人的思想的工作，任何华而不实和不切实际的做法都难以取得良好的教育效果。大学生思想政治教育的一个重要特点就是具有针对性，要做到这一点，教育者必须遵循实事求是的原则。教育者在进行思想政治教育的过程中，必须从社会发展的现实和受教育者的思想实际出发，运用马克思主义基本理论去解释、分析社会问题和受教育者的思想问题，并从中寻找出解决问题的基本规律，以此来指导大学生思想政治教育活动。求实原则，要求大学生思想政治教育始终坚持“理论联系实际，一切从实际出发，实事求是”的思想路线和原则。

所谓理论联系实际，包含以下两层含义：一是一定要掌握大学生思想政治教育的相关理论。大学生思想政治教育理论是从事大学生思想政治教育工作的重要指导，能为相关工作提供有效的方法。因此，我们必须全面、系统、准确地掌握大学生思想政治教育理论。二是一定要从实际出发，实事求是。理论只有面向实践、指导实践、接受实践检验并随实践发展，才富有强大的生命力和战斗力。

要做到理论与实际相结合，必须坚持实事求是。大学生思想政治教育一定要坚持和发扬理论与实际相结合的原则和作风，反对理论与实际相脱离的错误倾向。

求实原则的贯彻实施要做到以下几点：

首先，自觉学习马克思主义理论。马列主义、毛泽东思想、中国特色社会主义理论体系是党认识世界、改造世界的强大思想武器，加强马克思主义理论的学习，有助于人们树立科学的世界观、人生观和价值观，抵制错误的思想和潮流。

其次，要一切从实际出发。一切从实际出发就是要坚持主观与客观、主体与客体的统一，按照实际情况，制定不同的工作目标和计划，选择恰当的方法。

最后，按照正确解决问题的步骤来办事。为了在大学生思想政治教育工作中坚持求实原则，就必须按照及时发现问题、确实弄清问题、正确解决问题的三个步骤来办事：①要做到及时发现问题，就要做到善于调查研究，准确观察和分析问题，正视矛盾，不回避矛盾。发现思想问题和实际问题贵在及时，这样就能掌握思想教育的主动权。②要做到确实弄清问题，是指发现工作中存在的实际问题后，要善于分析、研究和核实，抓住问题的核心，不为假象所蒙蔽。③要做到正确解决问题，是指在弄清实际问题后，及时联系相关人员，运用相关理论，实事求是地解决问题。

## 三、民主原则

民主的实质是平等。大学生思想政治教育中的民主就是教育者与受教育者双方在充分尊重对方的人格和民主权利的前提下，创造条件让双方充分表达自己的思想和意见，并在此基础上正确处理相关问题，共同完成大学生思想政治教育的任务。大学生思想政治教育并不能直接作用于人的行为，而是先通过教育对象错综复杂的心理品质作用于人的意识，转而影响其行为。作为教育对象的大学生一般都是青年，他们的自我意识已经渐趋成熟，对自己以及自己与周围的关系开始有了独立的认识和评价，较少盲从，主体意识明显。因此，大学生思想政治教育的成效，在很大程度上取决于教育对象对教育内容的关心、思考和理解，其积极性和主动性是否被调动起来以及被调动的程度。因此，大学生思想政治教育必须坚持民主性原则，突出学生的主体地位，教育者与受教育者以平等态度交流思想，互相尊重，创造民主、平等、和谐、生动活泼的教育环境和氛围。

民主原则的贯彻实施要做到以下两点：

### （一）尊重人、关心人和理解人

尊重人，就是要尊重高校大学生，尊重他们的主人翁地位，尊重他们的人格及宪法赋予他们的各种民主权利，从而充分调动、引导和提高大学生对社会主义物质文明建设和精神文明建设的积极性、创造性。关心人，即要求大学生思想政治教育者要多关注、爱护、帮助大学生，在政治上关心他们的成长，工作上关心他们的进步，生活上关心他们的困苦，使大学生感受到温暖。理解人，就是要理解大学生的具体处境和个性，承认大学生在性格、兴趣等方面的差异，以心换心地进行教育。

### （二）民主原则要与严格要求相结合

一方面，坚持严格管理不能践踏大学生的人格尊严、漠视大学生的情感、无视大学生的实际需要，要把严格要求同尊重人、关心人、理解人有机统一起来，使大学生思想政治教育处于升腾活跃的状态，以达到激发大学生建设中国特色社会主义的巨大热情的目的。

另一方面，要把尊重人、关心人、理解人与严格管理结合起来。尊重人、关心人、理解人，绝不是不讲原则、放松管理、取消批评，也不是迁就不合理的要求或容忍不守纪律的行为、奉行“好人主义”。

总之，尊重人、关心人、理解人是相互联系、相互渗透的统一体，是党的思想政治教育的优良传统，也是思想政治教育民主原则的要求。它要求大学生思想政治教育者必须以诚相待、以诚动人、以理服人、以情感人，只有这样才能振奋人心、激发热情，从而使大学生思想政治教育更富凝聚力和吸引力。

## 四、教书与育人相结合原则

教书与育人相结合原则是大学生思想政治教育工作的一项基本原则。所谓教书与育人相结合，是指教师在教学过程中，通过各种教学活动和各个教学环节，全面提高学生的素质和能力。教书与育人相结合原则的贯彻实施要做到以下两点：

### （一）寓思想教育于教学之中

教书育人，教学是基础，育人是关键。我们要把思想教育工作渗透到各种教学和教学的各个环节中去，把传道、授业、解惑结合起来。这就要求教师在传授知识的过程中，要注意发挥和挖掘教材的思想性、知识性和趣味性，有机结合社会实际和大学生思想实际，调动大学生的学习积极性，帮助大学生处理好德育与智育的关系，把思想政治教育渗透到大学生的各项学习活动之中，使他们酷爱学习，精于专业，从而实现最终的教学目的。

### （二）要正确处理思想政治教育和大学生学习活动的辩证关系

教书与育人，二者是相互联系、相互促进的。无论是自然科学还是社会科学的教师，都要结合教材特点，加强对学生的全面教育和培养，自觉做到教书育人，发挥思想政治教育对大学生学习活动的方向引导作用和内在激励作用。但不能以此过分突出思想政治工作，过多增加思想政治教育时间而削减知识学习活动，搞“突出政治”的做法势必影响人才的全面发展。因此，要教好书、育好人，就要正确把握大学生思想政治教育和知识学习活动相结合的程度、方式，以利于大学生思想政治教育作用的发挥和大学生的全面发展。

## 五、思想政治理论教育与社会实践相结合原则

思想政治理论教育与社会实践相结合原则是我党长期以来，特别是改革开放以来，对大学生思想政治教育工作经验的科学总结，具有鲜明的现实性和针对性。在思想政治教育中既要注重理论教育，又要注重实践教育，强调行为养成，实现知行统一。理论教育是思想政治工作的基础环节，要增强对大学生的理论教育，就要从不断改进学习的方式方法和载体入手，要生动活泼、讲求效果，要入情入理，用事实来教育大家，通过相应的图片和声像，通过大家喜闻乐见、愿意接受的活动形式，宣传思想理论，提高大学生的马克思主义基本理论的水平，特别是加深对中国特色社会主义理论体系的认识和掌握。但理论来自实践又用于指导实践，只有在实践中才能充分展现出其价值与魅力。通过组织大学生参加社会实践活动，能进一步加深对理论的认识，巩固和强化理论教育的成果，真正提高大学生的思想觉悟和认识能力。

## 六、灵活变通原则

在高校思想政治教育过程中坚持灵活变通的原则，其实质是将思想政治教育目标和内容的规定性与思想政治教育过程和方法的灵活性有机结合起来。大学生思想政治教育的过程是沟通人的思想和交流人的情感的过程，是用正确的思想和真挚的情感影响与感化教育对象的过程，而人的思想和情感的丰富性与复杂性，就决定了在进行思想政治教育的过程中，必须避免生硬、呆板、简单、一刀切，必须根据教育对象的思想实际和个性特征，有针对性地、灵活变通地安排教育情境和选择教育方法。大学生思想政治教育的灵活变通原则，还要求根据时代的变化和思想政治教育任务的变化，以及大学生求新求变的思想特点，不断地解放思想，与时俱进，跟上时代发展的步伐，不断地探索大学生思想政治教育的新规律，研究大学生思想政治教育的新方法。

## 七、教育与自我教育相结合原则

教育是一种社会实践过程，它是由两个相互交织的并行过程组成的：一个是教师（包括各种教育者）的教书育人（传道、授业、解惑）过程，另一个是学生的学习、成才过程。在教的过程中要充分发挥教师教的主观能动性，而在学的过程中则要充分发挥学生学的主观能动性，二者缺一不可。因此，教育不是一个单一的社会实践过程，而是由上述两个子过程交织而成的复合过程。大学生思想政治教育也是如此。

要正确贯彻教育与自我教育相结合的原则，就要一方面加强教育，充分发挥教育的功能；另一方面加强自我教育，发挥大学生在自我教育、自我提高中的能动作用，通过他们思想的矛盾运动来达到转变思想、提高觉悟的目的。

### （一）建立平等互助的新型师生关系

在大学生思想政治教育过程中，教师与学生应该建立起平等互动、互相尊重、互相学习的新型关系，并通过有效的交流和积极的参与，调动教师实施教育与学生接受教育两个方面的积极性，以收到理想的教育效果。

### （二）重视大学生的自我教育

大学生要具备自我教育的能力，要求教育者在教育实践中通过多种途径主动帮助和激发大学生的主体能力。要使大学生实现自我教育，充分发挥主体的能力，应从以下几个方面着手：

首先，思想政治教育者要注重启发大学生的自我教育意识，引导他们通过自主学习、自觉参与以及反省、反思、自我思想改造等自我修养途径，不断提高自己的思想道德水平。

其次，要打好学生的理论基础。理论的学习是大学生思想政治教育中不可缺少的一环。理论教育是思想政治教育最主要、最基本的方法，也是大学生打好理论基础最直接的方法。大学生只有具备坚实的理论基础，才能以正确的理论指引自己的行为，才能在现实中明辨是非，为自己找准努力的方向。在当代复杂多变的社会环境面前，人们比以往任何时候都更加需要用科学的思想和理论来指导自己进行正确的选择和决策，以便更加有效地认识环境。

再次，要创造有利于大学生进行自我教育的条件，积极引导大学生进行自我教育。应当通过各种渠道和形式对大学生的自我教育活动予以支持、引导和帮助，鼓励大学生开展他们热爱的、健康的、有益的、丰富多彩的各种活动，使他们在活动中自我教育，相互影响。要引导他们开展批评和自我批评，在严格的自我批评和与人为善的相互批评过程中，教育自己，教育别人，相互借鉴，共同提高。要让大学生参加学校的民主管理，组织大学生参加社会实践活动，使他们在民主生活和社会实践中得到锻炼，增长知识和才干，增强主人翁精神和社会责任感。要有计划地组织民主讨论，引导他们在民主的气氛中各抒己见，交流思想，坚持真理，改正错误，集思广益。

最后，树立成功的榜样。榜样示范法是指通过具有典型、榜样意义的人或事的示范引导作用，教育人们提高思想认识、规范自身行为的方法。榜样教育具有形象、生动的特点，它是理论与实际的有机结合。大学生用榜样的力量激励自己，在心中树立成功的典范，为自己指明努力的方向，会产生更强的感染力和说服力，在自我教育中收到很好的效果。通过典型事迹可以使大学生看到榜样的成功之处，明确努力方向，从而努力奋斗，在改造客观世界的过程中全面提升自己的思想道德素质。需要注意的是，必须实事求是地选择对大学生有积极影响的典型，否则从思想到行动都难以真正得到大学生的认同，也起不到典型引导的作用。

## 八、尊重爱护原则

在大学生思想政治教育过程中贯彻尊重爱护的原则，就是要求高校思想政治教育工作者必须尊重教育对象的主体地位，从关心爱护的愿望出发努力发挥他们的主观能动性，并进行启发诱导，促使他们积极地进行认识交流并提高思想认识水平。思想政治教育活动是主体之间的互动过程，要进行切实有效的思想政治教育，教育者首先在思想上必须树立以尊重爱护教育对象为前提的指导思想。思想政治教育是以帮助教育对象在政治态度、人生道德、人生价值等方面确立与社会意识相一致的个人意识为目的的一种人类精神活动。对教育对象尊重的含义是教育者要承认教育对象是具有个性特征和独立人格的主体，要能够体会教育对象的喜怒哀乐，教育者和教育对象之间应以同志式、朋友式的关系进行交流，从而建立起双方互相尊重、互相交流、互相切磋、共同提高的良好关系。只有切实尊重和爱护教育对象，以真诚关心的态度和平等的姿态来面对教育对象，才能提高思想政治教育的效果。

## 九、差异性原则

因为教育对象现实的思想状况与社会的期望目标之间存在差异，以及教育对象之间存在思想差异，所以社会就提出了对个人进行教育的要求。大学生的思想现状与社会主义发展要求之间，既存在着总方向上的一致性，也存在着具体要求上的差异性。这种差异性是客观存在的，是对大学生进行思想政治教育的起点，差异性产生的根源和影响因素是多方面的。高校在对大学生进行思想政治教育的过程中，承认教育对象思想认识的差异性，是进行良好思想政治教育的起点。教育者在思想政治教育中，要从大学生的思想实际出发，在密切联系学生思想实际的基础上开展活动。一方面教育者要不断深入了解学生，不断地研究学生的思想状况，在此基础上有的放矢地进行教育；另一方面教育者要把握大学生的不同思想层次，做到因层次而异，因人而异。在把握整体思想状况的前提下，教育者还应分析不同个人的层次类型，并对不同的个人和层次类型采取不同的教育方法，充分发挥教育的针对性特点，实现教育的预期目标。

# 第二节　新时期大学生思想政治教育的理念

以科学的教育理念培养人，运用教育理论指导教育实践是教育界的首要任务之一。教育理念是广大教师在实践中不断总结出的宝贵的育人经验，符合时代发展要求，具有科学性和指导性。在思想政治教育工作中，教育者需要着重培养与树立改革创新理念、全面发展理念、全员育人理念等。

## 一、改革创新理念

### （一）改革创新的基本原则

#### 1.解放思想，实事求是

解放思想、实事求是，是马克思主义、毛泽东思想、邓小平理论的精髓，以党的基本理论为指南的大学生思想政治教育改革创新，也必定要坚持解放思想、实事求是。只有解放思想、实事求是，摆脱过时的思想观念和陈旧思维方式的束缚，才能敢于研究新情况、解决新问题、创造新成果。坚持解放思想和实事求是，必须以党的最新理论成果为指导。党的最新理论成果，是在科学判断党的历史方位的基础上提出来的，是我党艰辛探索和伟大实践的必然结论，也是指引大学生思想政治教育改革创新的根本指导思想。坚持解放思想和实事求是，必须坚持发展的观点，积极适应国家建设的需要。这要求大学生思想政治教育适应新的变化，在教育内容、方法手段和管理机制等方面改革创新；坚持解放思想和实事求是，必须从我国的实际情况出发，开阔视野，放眼世界，有选择地吸收外国的有益经验，使大学生思想政治教育得以丰富和发展。

#### 2.保持优势，创新发展

大学生思想政治教育改革创新是一项复杂的系统工程，既要有创新精神，又要有科学态度。保持优势，创新发展，实际上是强调大学生思想政治教育要在继承优良传统的基础上改革创新，这是大学生思想政治教育发展的客观要求，是一条必须遵循的客观规律。坚持保持优势和创新发展，必须有利于巩固和加强大学生思想政治教育的基础性地位。思想政治教育是大学教育的基础性课题，是大学生进行科学文化学习的前提与基础。大学生思想政治教育的改革和发展必须有利于继续巩固和加强其基础性地位。坚持保持优势和创新发展，必须有利于充分发挥大学生思想政治教育的作用。思想政治教育的作用是否能得到充分发挥，受制于多方面因素。思想政治教育的改革创新，就是要研究在新的历史时期，哪些因素有利于思想政治教育作用的发挥，并对这些因素进行拓展和增强。

## （二）改革创新的主要内容

### 1.拓展思想政治教育的新领域

总体说来，大学生思想政治教育的新领域主要是指两个方面：一是社会主义市场经济环境中的思想政治教育，二是抵制腐朽思想文化中的思想政治教育。从社会主义市场经济建设过程来看，人们在经济体制转轨过程中产生的一些困惑，在利益关系调整过程中产生的矛盾冲突，必然会反映到大学校园中，这就迫切需要思想政治教育去解决。市场经济中的利益杠杆等原则给大学生思想带来的负面影响，给大学教育环境带来的巨大冲击，都需要通过加强和改进思想政治教育来加以扼制。市场经济越发展，思想政治教育就越重要，解决建立社会主义市场经济体制所引发的各种问题，就是思想政治教育改革创新需要开辟的新领域。围绕腐朽思想文化侵蚀开展的思想政治教育，是围绕抵制侵蚀与固守阵地这一对矛盾展开的。我们必须清醒地看到，敌对势力历来将侵蚀与演变的重点放在青年一代身上，尤其是新的历史条件下，渗透与反渗透、演变与反演变的斗争不会在短时间内停止。只要两种意识形态的斗争在继续，腐朽思想文化的侵蚀就不会停止，这方面的工作就需要不断加强。

### 2.形成思想政治教育的新体系

制度建设更具有根本性、全局性、稳定性和长期性。研究和制定政策、制度，是大学生思想政治教育的重要任务，也是大学生思想政治教育的重要内容。新时期大学生思想政治教育的改革创新，必须把政策制度的调整与完善作为重点：要着眼于新的历史时期和社会主义市场经济环境中出现的新情况，及时进行补充、调整和完善，加快改革步伐，以形成政策制度的新体系；既要及时适应新情况，积极地实验与实施，又要坚持稳妥可靠，深入调查研究，反复科学论证，不能朝令夕改，甚至顾此失彼；要通过相关政策制度的研究和制定，逐步形成一套促进大学教育长远发展、思想政治教育充分发挥作用的政策制度体系。

3.探索思想政治教育的新手段

科技含量的高低，是衡量大学教育水平的重要标志之一，也是衡量大学生思想政治教育水平的重要标志之一。要积极利用现代科技发展的成果，在信息掌握、情况处理、知识传播、思想教育方面，注意发挥计算机网络等现代信息技术和大众传媒的作用。在信息时代，必须积极运用各种先进的科学手段，加大思想政治教育自身的科技含量，把先进的科学手段运用到思想政治教育中。当代高科技的迅速发展，为思想政治教育提供了新的载体和条件，为精神产品的开发和传播提供了新的方法和手段。把教育信息和现代高新技术结合起来，发展思想政治教育载体，广泛利用现代化媒体建立网络思想政治教育平台等，是大学生思想政治教育必须拓展的新领域。

## 二、全面发展理念

全面发展教育的主要目的在于帮助大学生树立全面发展教育观，引导大学生的思想道德素质、科学文化素质、健康素质协调发展。根据大学生全面发展教育的目的，我们可以把全面发展教育的基本内容归纳为思想道德素质教育、科学文化素质教育、健康素质教育三个方面。

### （一）思想道德素质教育

思想道德素质是指个体通过接受一定的教育和参加社会实践活动，经过独立自主、积极理性的思考后形成一定社会或阶级所要求的思想观念和道德准则，并自主、自觉与自愿地做出相应行为的素质与能力。一般来讲，大学生思想道德素质包括思想素质、政治素质和道德素质三个方面。思想道德素质教育是大学生素质教育的灵魂，大学生是实现中华民族伟大复兴的希望，他们的思想道德素质状况直接关系到建设社会主义现代化强国的目标能否顺利实现。在新的历史条件下，加强大学生的思想道德素质教育，努力提高他们的思想道德水平，对于弘扬中华民族伟大民族精神和时代精神，在社会上形成良好的道德风尚，加快推进社会主义现代化建设具有十分重要的意义。

## （二）科学文化素质教育

科学文化素质教育包括科学素质教育和人文素质教育两个方面，这两个方面是紧密联系、相互渗透、不可分割的。科学文化素质教育的具体内容包括很多方面，从德育的角度来讲，大学生科学文化素质教育的重点在于培养两种精神——科学精神和人文精神。这两种精神是科学文化素质教育的核心。

### 1.科学精神的培养

科学精神是人们从科学活动过程中和科学认识成果中提炼出来的价值准则和行为规范，是人类在漫长而艰巨的科学探究过程中逐渐形成而不断发展起来的一种主观的精神状态。科学精神激励着人们驱除愚昧、求实创新，不断推动社会的进步。科学精神由于是在科学活动的过程中形成并发展起来的，因此科学精神的内涵也随着科学活动的不断推进而不断得到充实和发展。在当代，科学精神有着新的时代内涵。科学精神的内涵很丰富，其最基本的要求是求真务实、开拓创新。因此，对大学生科学精神的培养，重在培养以下几种精神：

第一，坚定不移的求真精神。科学研究是一项艰苦的工作，通向未知世界的道路绝对不是平坦大道，这条路上布满了荆棘，只有付出辛勤的汗水，矢志不渝，才会获得成功。

第二，尊重事实的务实精神。科学是一门老老实实的学问，来不得半点虚假和浮夸。只有尊重事实，从实际出发，以实践作为检验真理的唯一标准，才能正确认识客观世界，揭示事物的客观规律。

第三，勇于批判的怀疑精神。怀疑是一切科学创造活动的真正出发点。哥白尼怀疑地心说而提出日心说，达尔文怀疑上帝造人说而提出进化论，科学就是在不断怀疑、批判前人学说的基础上获得进步和发展的。

第四，勇于开拓的创新精神。创新精神是科学得以创造和发展的精神动力和力量源泉。科学活动是从已知出发去探索未知从而发现和认识世界的，它在本质上是创造性的。提出新问题，解决新问题，得出新成果，是科学工作者的本职，也是衡量他们工作表现、价值大小的尺度。

2.人文精神的培养

人文精神是一个民族、一种文化的内在灵魂和生命，是贯穿在人们思维和言行中的信仰、理想、价值取向、人格模式和审美情趣。它是特定环境里各类精神价值的综合，是时代文化精神的核心。以人为本，关注人的现实存在和终极价值是人文精神的主旨，也是人文精神得以产生的源泉。人文精神的培养和人文素质的教育在中外教育史上具有悠久的历史传统。例如，我国古代儒家所提倡的“君子”“大丈夫”等理想人格教育，近代蔡元培先生提出“普遍教育的宗旨在于养成健全的人格”等，都是重视人文精神培养和人文素质教育的典范。人文精神是一个历史范畴内的概念，在不同的时代有不同的主题。当代大学生人文精神培养的基本内容是根据社会发展需要和目前大学生人文素质的现状来确定的，它主要包括以下四个方面：

第一，独立人格教育。独立人格是大学生人文精神培育的基础和前提。一个人只有首先在人格上具有独立性和自主性，不盲目地听从别人，有自己的意见和主张，才谈得上具有人文精神。

第二，道德理念教育。一个人不仅要成为一个独立的人，而且还要成为一个有道德的人。要教育大学生爱人如己、推己及人，设身处地为他人着想；要教育大学生“先天下之忧而忧，后天下之乐而乐”，具有仁民爱物的胸怀；要教育大学生热爱自然、保护环境，维护生态平衡。

第三，人生态度教育。在对人生的态度上，要教育大学生具有积极乐观的人生态度，自强不息，开拓进取。人的一生不可能是一帆风顺的，逆境和顺境总是交替出现，伴随人的一生。要教育大学生在身处顺境时不得意忘形，要居安思危；在身处逆境时不怨天尤人，要坚韧不拔，百折不挠，勇往直前。

第四，终极关怀教育。人文精神是现实性和超越性的统一。它既是一种现实关怀，体现了现世性的精神追求；又是一种终极关怀，体现了人对超越有限、追求无限的一种渴望。人文精神具体表现为理想和信念。要教育引导大学生树立共产主义远大理想，在社会主义现代化建设事业中以自己有限的生命获得无限的人生意义。

科学精神和人文精神是人类精神家园的两大支柱，二者之间是相互联系、相互渗透、相辅相成的。科学精神和人文精神都源于人们对至真、至善、至美的向往和追求，它们在本质上是一致的。科学精神的培育需要人文精神的辅助和支撑，人文精神的培育离不开科学精神的正确指导。离开人文精神的科学精神并不是真正意义上的科学精神，而离开了科学精神的人文精神也只是一种残缺的人文精神。因此，在大学生思想政治教育中，必须将科学精神教育和人文精神教育有机结合，避免只重视科学精神教育而忽视人文精神教育，或者只重视人文精神教育而忽视科学精神教育的错误倾向。

### （三）健康素质教育

健康是大学生成才的重要保障，这已成为人们的共识。健康的含义，包括生理和心理两个方面的内容。1948 年，世界卫生组织明确指出，健康是一种身体上、精神上、心理上和社会上的完满状态，而不是没有疾病或虚弱现象。因此，这里的健康素质教育主要包括两个方面，即身体健康素质教育和心理健康素质教育。身体素质是人的素质发展不可缺少的物质基础，是在遗传获得性基础上发展起来的人体形态与生理功能上的特征，包括生理解剖特征（身高、体重、骨骼系统、神经系统等）和生理机能特征（运动素质、反应速度、负荷限度、适应能力、抵抗能力等）。身体健康素质教育也就是我们通常所讲的体育，从德育方面来讲，身体健康素质教育就是要教育大学生树立“身体是革命的本钱”的观念，促使大学生积极参加体育锻炼，增强体质，做到劳逸结合，认识到只有拥有健康强健的身体，才能开展其他活动，才能全力提高其他方面的素质。

心理素质是指在认知、情感、意志过程中所表现出来的求知欲、审美力、乐群性、独立性和坚持力等。它是个人整体素质的一个极为重要的方面，良好的心理素质是大学生学会适应社会、具有良好人际关系、形成健全人格的重要保障。近年来，许多有关大学生心理健康状况的调查资料显示，当代大学生的心理矛盾日渐增多，由此引发的心理问题也日渐突出。大学生心理健康问题越来越受到社会的广泛关注，加强大学生心理健康教育成为大学生思想政治教育的一项紧迫任务。根据大学生心理健康的基本标准和目前大学生中普遍存在的心理问题和心理疾病，大学生心理健康素质教育内容主要有以下几个方面：

第一，积极适应性教育。进入大学，面对一个与以前截然不同的新环境，许多大学生都会出现程度不同的适应不良症状，这就需要对他们进行积极的适应性教育，要培养大学生适应环境的能力，帮助他们掌握排解心理困扰的方法和技巧，使他们尽快地适应新生活，保持心理健康。

第二，健康情绪教育。大学时期是大学生面临的一个特殊发展时期。面对环境的变化和来自社会、家庭的压力，大学生很容易出现迷惘、焦虑、孤独、自卑、苦闷、空虚等心理障碍。这些障碍若不及时清除，会严重影响他们的健康成长和成才。因此，要让大学生了解人的情绪健康的标准及自身情绪变化的特点，学会体察和表达自己和他人的情绪情感，掌握调节情绪的方法，并学会运用有效的调控手段，使自己经常保持良好的心境和乐观的心态。

第三，坚强意志教育。现在的大学生大多成长环境较为优越，缺乏艰苦生活的磨炼，对生活的期望值过高，缺乏迎接困难的心理准备，不少人意志力薄弱，耐挫能力差。对此，应引导大学生充分认识意志在成才上的作用以及自身意志品质的弱点，激发大学生以坚强毅力和顽强精神去克服困难的勇气，增强大学生的心理承受力，鼓励他们持之以恒、百折不挠地向着既定目标前进。

第四，健全人格教育。人格障碍是大学生心理健康中比较突出的一个问题，对大学生的健康成长构成了很大的威胁，因此人格教育是当代大学生心理素质教育的核心和关键。要引导大学生的气质、能力、性格和理想、信念、动机、兴趣、人生观等各方面平衡协调发展，培养他们适中、合理的思考问题的方式，恰当、灵活的待人接物的态度，使他们能与社会的步调合拍，也能与集体融为一体。

第五，人际交往教育。良好的人际关系是维持大学生心理健康的前提。所以要帮助大学生掌握人际交往艺术，学会与人沟通、互助和分享；使大学生善于在群体中发挥自己的才干，达到高水平的自我实现，在与人交往的过程中养成宽宏大度、尊重他人、乐于助人的良好品质。

## 三、全员、全过程、全方位、整体性育人理念

全员、全过程、全方位、整体性育人理念注重强调整合学校、家庭、社会、学生个人的力量，使之共同参与到大学生思想政治教育的育人机制中去，形成一个“由内而外、由点构面”的发散性育人路径网络，各路径依靠自己的优势和资源，通过沟通、对话树立全员育人目标，最终建立共同承担育人责任的联合体。

### （一）学校育人

高校要进一步加强和改进大学生思想政治教育工作，注重校园文化建设，尤其是学风、校风及教风的改进，不仅要做好学生思想政治教育工作，还要改善教师思想政治教育工作，形成齐抓共管、全员育人和全过程育人的机制。这是高校全员育人工作的指导思想。

#### 1.加强思想政治理论课教师在“全员育人”中的基础地位

思想政治教育不只是向学生灌输思想政治理论等知识，其任务重点及目标是改变学生的思想政治观念和行为模式，使学生由“知”到“信”再到“行”。首先，高校要加强思想政治理论课教师素养培训，使思想政治理论课教师熟悉心理学及教育学知识，在学习和借鉴世界范围内大学生道德教育经验

的基础上，不断探索德育规律。其次，高校要加强思想政治理论课程建设，丰富、更新教学内容，改进教学方法，创新教学制度，不断提高育人的实效性。高校还应注重开展讲座、研讨会，加强各教研机构、专家学者、教师、学生之间的交流，形成理论成果，用于指导思想政治理论课教学。

### 2.充分发挥辅导员队伍在“全员育人”中的骨干作用

一方面，高校要充分重视辅导员，增加其责任感和成就感，注重提高辅导员地位和待遇。要建立辅导员选拔制、培训制、评价制、管理制等，通过政策保障、岗位准入、管理培训、职业规划等一系列措施达到强化辅导员职业归属感的目的。

另一方面，高校要明确辅导员岗位职责，使之对自己的工作目标、工作任务、工作权限以及责任有进一步的了解，更好地在日常管理中总结教育经验，改进工作方法，提高教育成效。

### 3.加强民主作风建设，发挥行政管理人员在高校“全员育人”中的重要作用

学校学生工作部门、教务部门、人事部门、后勤管理部门等要密切配合，尽快构建全员育人工作框架体系。

学校的学生工作涉及面较广，需要校内各级行政管理部门，如学生工作部门、教务部门、人事部门、后勤管理部门等共同服务，齐抓共管。

学生工作部门作为学生管理的主要机构，负责学生的日常思想教育、行为管理、成长成才服务工作等。教务部门主要服务于教务、教学管理工作，负责学生的学习，以及教师的教学活动的计划、组织、协调、考核、督查等工作。学校人事部门通过制定人力资源政策和人事管理制度，对全校的人事进行协调，整体规划师资队伍等。设置高校后勤管理部门的目的是育人，这一特性通过为教育、教学、科研服务体现出来，其服务质量越好，教育性就越大。所以后勤管理部门要根据教育教学需要，合理安排后勤工作，如根据教学工作的季节性，放假前进行全面检查、全面清扫，假期里进行全面维护与整修，开学前做好迎新准备等。对行政管理部门而言，要注重改良工作作风，提升工作效率。

另外，“全员育人”也要求教育者与受教育者之间实现地位平等。作为管理者，要以平等的身份与学生交往，尊重学生，理解学生，爱护学生，以自己良好的思想道德品质教育和影响学生，使学生在与管理人员的交往中，感受其良好的品德乃至人格魅力，从而真正做到“管理育人”和“服务育人”。

## （二）家庭育人

家庭参与学校教育，形成家、校合力，已成为现代教育的重要标志。家庭教育具有学校教育和社会教育难以取代的作用，是个人成长、成才的基础。将家庭、学校、社会教育有机结合起来，建立全社会共同育人的大教育体系，才能全方位优化育人环境。家庭、学校教育相结合的主要途径有以下几个：

首先，家长会是家校联系、合作的主要方式，这种家长与学校面对面交流的方式，传统而有效。家长会可以使家长和教师能够集中交流，增进彼此之间的理解并相互支持。在家长会上，学校可以向家长宣讲一些教育孩子的好方法，解答家长的一些教育困惑。通过家长会在家庭教育和学校教育之间搭建起互相衔接与沟通的桥梁，取得学校教育和家庭教育的双赢，对孩子的健康成长大有裨益。

其次，家访是维系教师、家长、学生的又一纽带，在学校教育中起着不可替代的重要作用。家访具有电话、手机、网络等沟通方式不能取代的优点，教师与家长面对面的沟通更加亲切、直接。

最后，用现代教育理论知识，对有关学生家庭教育的情况进行问卷调查；利用个别谈心等对学生的心理健康状况进行测试等。在此基础上，学校可以与家长及时、有效地互通信息，与家长共同研究教育方式。

## （三）社会育人

各级党委、政府、企事业单位、社区等在育人工作中都肩负一定的责任与义务，都应以各自特有的方式支持与服务大学生教育工作。

首先，各企事业单位、科研部门、农村、部队等要结合自身条件，及时为学生提供社会实践、巩固专业知识的条件和场所，切实肩负起育人的责任。

其次，各级党委和政府应注重良好育人氛围的营造，如公安部门要加强学校周围环境的整治，净化学生活动场所的风气等。

最后，媒体和公众也要肩负起育人责任，营造积极健康的社会环境。

### （四）学生自我教育

实施学生成长自我教育制是引导学生自我管理、自我教育的有效手段。

#### 1.成立学生自我教育组织

例如，成立大学生社团、自律委员会等学生自我教育组织，引导学生进行自我管理和自我教育、自我发展，从而有效地促进学生综合素质和良好思想品德的形成。

#### 2.开展生动有效的自我教育活动

开展各种形式的大学生自我教育活动，让学生以主人翁的姿态进行自我教育，培养其自我教育、自我管理、自我约束、自我评价的能力，从而达到育人的目的。

## 四、开放理念

随着经济的快速发展和时代的进步，经济全球化已经成为趋势，各种思潮和文化也随着经济全球化而相互影响、相互碰撞。市场经济和西方价值理念等的影响，全面冲击着大学生思想政治教育。在各种思潮的影响下，大学生思想政治教育再也无法像以前一样，期望在一个相对封闭的环境中来开展，刻意堵截各种观念思潮的入侵更是螳臂当车。为此，大学生思想政治教育必须顺应时代潮流，树立开放教育理念，积极应对挑战，把大学生思想政治教育自觉融入时代潮流之中。

## （一）开放理念的基本内涵

开放的理念是指教育者不断开阔视野，勤于思考，吸取国内外优秀的文化传统，引导当代大学生努力培养宏观意识，开放心态，遵循国际准则，使大学生思想政治教育顺应时代和世界发展潮流。

### 1.宏观意识

宏观意识问题实际上是一个大局观的问题。陈澹然在《寤言二·迁都建藩议》中提出："不谋全局者不足谋一域，不谋万世者不足谋一时。"所以，大学生思想政治教育工作要从现实的大局出发，统筹历史、现实、未来，形成宽广的视野。

在教育内容上，一方面，我们需要培养大学生用历史视角看待问题的思想，使他们善于从历史中分析问题的根源，并结合具体现实的问题进行深入反思和剖析；另一方面，我们需要培养大学生的世界眼光和全局意识，使其认识到民族和国家的发展离不开世界，养成将民族和国家问题放到世界大背景下进行思考的习惯。

培养大学生纵观古今、统览全局的意识折射出思想政治教育工作的开放性，这证明我们愿意从封闭的状态中走出来，用更加科学的理念指导思想政治教育工作。

### 2.开放心态

全球化是当今世界发展的基本趋势，各国之间相互依存度增强，为寻求更好的发展，各国以一种开放心态积极参与国际竞争与合作。在这种背景下，大学生思想政治教育要保持一种对别的国家、民族的新鲜感和敏锐力，不断吸取别国思想政治教育的成功经验。

在教育内容上，要注重对大学生进行开放性教育，使其对别国文明持理解、认同、尊重、宽容的态度；并且要引导大学生学会用更广阔的视野去理解自己所处的位置，看待和分析自己所面临的各种机遇和挑战。一个大学生只有将自己的个人命运与民族、国家的命运，与人类发展的命运，与整个地球的命运紧紧地联系在一起，才可能成“大器”。我们要塑造和培养的，就是懂得从我们民族、国家生死存亡的战略高度，在人类共同发展的大趋势中奋斗、拼搏的大学生。

#### 3.遵守国际准则

世界经济、文化的交融，需要共同的规则。我国正处于社会转型期，法治社会的建设还不健全，社会出现了一些“规范”的“真空”地带，这造成人们或不知所从，或言行不一。

规范意识不强是当代大学生的一个比较明显的缺陷。因此，在大学生思想政治教育中，对大学生进行开放理念和规范意识的教育是时代的必然要求，而这没有长期的遵纪守法意识的培养是不可能实现的。应当说，这也是开放理念的基本要求。

### （二）树立开放理念的意义

在大学生思想政治教育工作中树立开放理念，对我们整体的思想政治教育工作具有重要的意义。

#### 1.有利于深化大学生思想政治教育教学改革

第一，大学生思想政治教育虽然要结合我国国情，提出为我国社会主义建设服务的任务与要求，但在国际化潮流下，思想政治教育也需要考虑与国际接轨的问题，我们不但要培养合格的中国公民，还要培养合格的世界公民，这是大学生思想政治教育工作需要确立的新理念与新意识。大学生思想政治教育的民族性和世界性不仅并不矛盾，反而是相互促进的，民族性越强就越具有国际意义；反之，不走向世界并不利于民族性的进一步强化。

第二，在大学生思想政治教育中树立开放理念，对思想政治教育对象具有重要的实践意义。我们的思想政治教育必须从当代大学生的情感态度与价值观的实际出发，在目标、内容、方式、途径上符合大学生的特点。大学生思想政治教育工作中开放理念问题的提出，符合当代大学生的实际，它对改进大学生思想政治教育工作无疑具有重要的现实意义。

处于新时代的大学生乐于接受新鲜事物，不断尝试新的生活方式，具有竞争意识、平等意识和开放意识，具有较强的公民责任感。新形势下如何把握时代脉搏、紧跟时代潮流，以一种崭新的面貌和进取的精神来面对开放的世界，是教育界十分关注的问题。对我国大学生思想政治教育而言，若不变革思想政治教育的内容与方法，还是用陈旧的方式开展思想政治教育工作，就很难在当代大学生中产生良好的思想教育效果。

2.有利于加快中国对外开放的步伐

大学生思想政治教育的一项重要内容，就是从中国的历史进程，特别是近现代历史的进程中充分认识改革开放的优越性，从而坚定走中国特色社会主义道路的信念。近代以来，中国与世界呈现出了一种双向互动关系，中国取得了飞速发展。当前中国正处于走向世界的黄金机遇期，需要“开放型”的人才贡献力量，大量“开放型”人才的培养又必然推动中国走向世界。

# 第四章　新时期大学生思想政治教育的内容和方法

## 第一节　新时期大学生思想政治教育的内容

### 一、大学生思想政治教育的基本内容

#### （一）中华民族传统美德教育

1.自强不息教育

“自强不息”这个词语源自《周易》中的“天行健，君子以自强不息”，它是从中国古代“天人合一”的宇宙观和朴素的人文思想中孕育发展出来的一种人的心理素质和精神状态，它根植于中华民族的传统之中，是中华儿女发奋图强，自立于世界民族之林，实现民族伟大复兴的精神动力。从历史角度来看，人类的发展和文明的进步是永远不会终结的；而人对自然、社会发展的认识，以及在此基础上形成的永无止境的向上努力、自重自信自强的精神，成了最适应现代社会发展需要的民族精神。对大学生进行自强不息教育的目的，就是要使大学生志存高远、刚健有为、不怕困难、积极向上和奋发图强。

2.忧患教育

忧患意识可以说是一种责任意识，它是个体履行应当承担的社会责任并努

力维护社会正常运行的信念和意志。这种意识是个体在社会分化和社会整合中必须拥有的，要求大学生在市场经济发展过程中敢于承担风险、敢于再创辉煌，把国家、民族的生存发展放在心上，时刻准备战胜一切艰难险阻，还要求大学生树立以天下为己任的历史使命感，维护国内安定、团结、进步的稳定局面，保持积极进取、艰苦奋斗的昂扬斗志，以自身的行动去实现社会发展和民族振兴。

### 3.中国革命传统教育

中国革命传统主要是指，中国共产党在领导中国人民进行长期的革命斗争的过程中产生的，并在我们党大力提倡和培植下形成并发展起来的事迹、思想、作风、道德和信仰等，它是共产党领导下的中国革命斗争实践的产物，是我们党克敌制胜的“传家宝”，这一优良传统有着极其丰富的内容。进行革命传统的教育，可以使大学生的思想境界得到净化和升华，促使他们成为一个高尚的人、一个有道德的人、一个有益于人民的人，并在奋斗、奉献中使自己的人生价值得到实现和升华。

## （二）道德教育

### 1.以为人民服务为核心的教育

把为人民服务作为社会主义道德建设的核心，是中国共产党人在伦理思想上的一大贡献。毛泽东同志在《为人民服务》一文中就精辟地阐述了为人民服务的光辉思想。在改革开放的新的历史条件下，以邓小平同志为代表的共产党人从广大人民的根本利益出发，坚持把三个“有利于”（是否有利于发展社会主义社会的生产力、有利于增强社会主义国家的综合国力、有利于提高人民的生活水平）作为判断改革开放中一切工作得失、是非、成败的标准，把“人民拥护不拥护”“人民赞成不赞成”“人民高兴不高兴”“人民答应不答应”作为制定各项政策的出发点和归宿，受到了广大人民群众的衷心拥护。2022 年 10 月 12 日，习近平总书记在党的十九届七中全会第二次全体会议上强调，“坚定维护党的形象，践行全心全意为人民服务的根本宗旨”。经过共产党人的长期实践和倡导，为人民服务已经逐步成为大多数社会成员普遍接受和认同的一条基本道德原则。

为人民服务也是公民应尽的义务。对他人提供必要的帮助和关心是公民应尽的责任和义务，也就是说，我们在接受他人和社会给我们的服务时，也应尽自己的所能为他人和社会服务，并在服务他人、服务社会的过程中实现自己的个人利益和人生价值。在新的形势下，必须继续大张旗鼓地倡导为人民服务的道德观，把为人民服务的思想贯穿于各种具体的道德规范之中，引导人们正确处理个人与社会、竞争与协作、先富与共富、经济效益与社会效益等关系，提倡尊重人、理解人、关心人，发扬社会主义人道主义精神，为人民为社会多做好事，反对拜金主义、享乐主义和极端个人主义，形成体现社会主义制度优越性、促进社会主义市场经济健康有序发展的良好道德风尚。

### 2.以集体主义为原则的教育

集体主义是社会主义道德建设的原则，体现在社会主义道德规范体系的各个方面。中国共产党一贯提倡集体主义。中国共产党的集体主义历经近一个世纪的发展，逐步成为社会主义的道德原则，凝聚为中国共产党领导中国人民站起来、富起来、强起来的强大的精神力量，形成了新时代中国文化软实力。加强道德教育必须贯穿以集体主义为原则的教育。

### 3.道德规范教育

道德规范教育是帮助大学生了解正确处理个人利益与他人利益、个人利益与集体利益关系的行为准则的教育，并在这些行为准则的指导下，将这些行为准则外化为实际行动。道德规范教育是一种养成教育，它实质上是教导一个人如何成为一个真正的“人”，如何安身立命，这是一种最基本的教育，只有在这一教育的基础上，才谈得上其他的教育。道德规范教育是政治教育、思想教育的起点，只有搞好基本的道德规范教育，才有可能培养具有正确政治思想、科学世界观的社会主义新人。正如儒家所倡导的“修身、齐家、治国、平天下”，只有自己有了很高的道德修养，才谈得上报效国家，造福社会。

### （三）爱国主义教育

大学生是国家和民族的希望，是实现全面建设小康社会的主要力量，他们爱国情感的强弱，将直接关系到社会的发展，关系到整个国家和民族的前途和命运。因此，必须强化爱国主义教育，以增强他们的民族自豪感、自尊心、自信心，增强他们的爱国热情和报国决心，在实现中华民族的伟大复兴中贡献力量。爱国主义教育的内容包括中华民族发展史教育、中华民族优秀传统文化教育和国家安全教育等。

#### 1.中华民族发展史教育

历史是不能割断的，只有懂得历史才能正确地了解现在和展望未来。我们要讲中华民族发展史中的曲折，更要讲现代中国革命史，讲新中国的艰苦创业史，使人们懂得，特别是使青少年懂得，新中国来之不易，社会主义建设成就来之不易，让人们知道我们国家有今天，多少先烈付出了鲜血和生命，亿万人民进行了多么艰苦的劳动。此外，还应当注重讲杰出人物个人的奋斗史与贡献史。因为这样的史料最真切、最感人，同时又包含着这些人物的世界观，最容易引人效法，具有潜移默化的作用。学习革命先烈为了共产主义的实现而不惜抛头颅、洒热血的精神，学习新时期各条战线上涌现出来的先进人物和事迹，能够使大学生更好地认识过去，立足现在，展望未来。

#### 2.中华民族优秀传统文化教育

中华民族是一个有着五千年悠久历史的伟大民族，我们的祖先通过世世代代的辛勤劳动创造出了光辉灿烂的优秀传统文化，这是我们中华民族的历史瑰宝，是对大学生进行爱国主义教育的重要内容。

#### 3.国家安全教育

当前世界形势动荡不安，地区冲突、局部战争此起彼伏，恐怖活动日益猖獗，给世界和平带来了诸多不稳定因素。随着经济全球化的不断深入，国家安全的内涵与以往相比有了很大不同，不仅包括政治、军事安全，而且突出了经济安全，同时又包含科技、文化、信息安全。因而，我们应顺应时代要求，在新时期加强大学生国家安全教育，培养他们的国家安全意识，并将此作为爱国主义教育的重要内容。

## 二、大学生思想政治教育的主导内容

### （一）世界观、人生观和价值观教育

#### 1.世界观教育

世界观作为关于世界的根本观点，是对认识世界和改造世界的根本看法。马克思主义的创始人以解放全人类、实现人类全面自由的发展为己任，并以此为核心建立起了科学的世界观。我们进行世界观教育，就是要进行马克思主义世界观的教育，其中包括辩证唯物主义教育、历史唯物主义教育和马克思主义认识论的教育。

#### 2.人生观教育

人生观是人们对人生的价值、生活的目的和意义的根本看法，是世界观在实践中的体现和运用。人生观具有鲜明的阶级性，什么阶级有什么样的人生观。共产主义的人生观就是无产阶级的人生观，它的核心是大公无私、先公后私和公而忘私。同无产阶级人生观相对立的还有资产阶级、小资产阶级的人生观。资产阶级人生观的核心是为自己、损人利己。小资产阶级人生观虽然同剥削阶级人生观有所不同，但在本质上都是个人主义的。我国大学生思想政治教育的一个重要任务，就是教育广大学生树立无产阶级的人生观，克服形形色色的资产阶级和小资产阶级的人生观。

#### 3.价值观教育

价值观教育主要是让教育对象搞清楚“什么是有价值，怎样才能有价值”。价值观的核心是价值观念、价值判断、价值选择等。科学的价值观认为，对社会、对国家、对民族、对人类、对他人有积极作用，就是有价值，反之就是无

价值。积极作用越大，价值就越大。科学价值观提倡人们在满足社会、满足民族、满足人类、满足他人的进步需要中满足自己，实现自己的价值。价值判断必须坚持社会、民族、人类等价值优先的准则，只有这样，社会才能有一个相对统一的价值判断标准。科学的价值选择要求人们在人生奋斗过程中首先最大限度地实现社会的价值、民族的价值和人类的价值。

社会主义核心价值体系集中体现了社会主义意识形态的性质和方向，是社会主义思想道德建设的理论基础，是激励全民族包括大学生在内奋发向上的精神力量。社会主义核心价值观是社会主义核心价值体系的内核，体现社会主义核心价值体系的根本性质和基本特征，反映社会主义核心价值体系的丰富内涵和实践要求，是社会主义核心价值体系的高度凝练和集中表达。因此，当前价值观教育的重点是让大学生深入理解社会主义核心价值观的科学内涵和重要意义，使他们将社会主义核心价值观作为自己的价值诉求，并用其指导思想和行动。

### （二）理想信念教育

理想信念在人的主观精神世界中居于核心地位，起着主导和统领的作用。正确的理想信念，是一个国家、一个民族、一个政党、一个公民的精神支柱和动力源泉，也是大学生思想政治教育的核心内容。大学生理想信念教育的目标在于引导大学生树立正确的个人理想与社会理想，坚定他们为理想坚持不懈奋斗的信念；引导大学生把个人的成长进步同中国特色社会主义伟大事业、同祖国的繁荣富强紧密联系在一起。大学生理想信念教育的目标决定其内容，因此我们可以把大学生理想信念教育的基本内容主要概括为以下几个方面：

#### 1.坚定对马克思主义的信仰

马克思主义是将科学的世界观和方法论、彻底的唯物主义、无产阶级的党性原则、全心全意为人民服务的精神融为一体的科学体系。它是不断创新的理论，能一直引领时代潮流，成为指导社会发展、人类进步的指路明灯。中国特色社会主义的健康发展已经向世人昭示：以马克思主义为指导，社会主义必将迎来新的辉煌。因此，对大学生进行理想信念教育，需要使大学生坚定对马克思主义的信仰。

### 2.坚定对建设中国特色社会主义的信念

建设中国特色社会主义是一项艰巨的任务，在这个过程中，很多深层次的思想问题会表现出来。而要解决这些问题，就要依靠思想政治教育，重点是加强理想信念教育，引导大学生坚定对建设中国特色社会主义的信念，将信念转变为自觉的行动，为中华民族的伟大复兴做出自己最大的贡献。

### 3.增强对改革开放和现代化建设事业的信心

对改革开放和现代化建设事业是否充满信心，是目前信仰、信念、信任的现实体现。以邓小平同志为核心的党的第二代中央领导集体面对复杂多变的国际形势，冷静思考，积极应对，深刻总结国内外社会主义建设的经验教训，带领全党全国各族人民开创了改革开放这一伟大事业；认为争取比较长期的和平是可能的，在较长时期内不发生大规模的世界战争是可能的，进而做出了和平与发展是当今时代的两大主题的重要判断，为党和国家的工作重点转移到社会主义现代化建设上来奠定了重要基础。经过多年的建设，特别是改革开放以来的发展，我国经济总量稳居世界第二位，谷物总产量稳居世界首位，制造业规模、外汇储备稳居世界第一，建成世界最大的高速铁路网、高速公路网，机场港口、水利、能源、信息等基础设施建设取得重大成就，综合国力大大增强，为今后的发展创造了有利的条件，奠定了比较坚实的物质基础。对大学生进行理想信念教育需要增强他们对改革开放和现代化建设事业的信心，这样才能使他们不断为改革开放和现代化建设事业贡献自己的力量。

## （三）中华民族精神教育

中华民族精神源于五千年的文明发展史，在建设美好家园、抵御外来侵略和克服艰难险阻的奋斗中，中华民族不断培育和发展着自己的民族精神。我们在引导大学生正确认识民族精神科学内涵的基础上，不仅要教育大学生珍视、继承我国在五千年的历史中形成和发展起来的伟大民族精神，还要教育他们以创新、开放的态度看待民族精神，根据新的实践和时代的要求，吸收和借鉴世界各民族的民族精神的精华，对传统民族精神加以创新，为民族精神增添新的时代内涵，实现民族精神的继往开来、与时俱进。

1.团结统一

中国的 56 个民族亲密无间，全国人民同心同德、精诚团结，有利于构筑建设中国特色社会主义事业、和平统一祖国的强大精神支柱。“民族的团结”“国家的统一”是中华民族在历史经验中培育的民族精神，也是我们建设中国特色社会主义事业、和平统一祖国的强大武器。在大学生中弘扬团结统一精神是十分必要的。

2.爱好和平

它在中华民族精神中有着特殊的地位。爱好和平的民族精神是指一个民族在同其他民族的交往中，平等相待，友好相处，求同存异，团结和平，为了维护世界和平、促进共同发展而努力贡献的精神。它是我国多民族长期共同生活和社会实践的文化积淀。以和为贵是中华民族在为人处事中的一个基本准则。对大学生进行爱好和平的民族精神教育就是要使大学生意识到：在各民族之间，要友好相处，要“和衷共济”“和睦相亲”；在人和人的交往中，要“和气致祥”“和气生财”；在国与国的关系中，主张“协和万邦”“和平共处”，反对一切形式的侵略战争，反对“以强凌弱”“以众暴寡”，主张国家不分大小，都应当平等相待。

3.勤劳勇敢

它具体指中华民族为了自身的存在和发展，在改造客观世界的过程中，勤勤恳恳、战天斗地的精神。它是中华民族在漫长的历史中，在艰苦的自然条件和严酷的社会斗争中锻炼和培育出的一种吃苦耐劳、俭朴勤奋的精神。勤劳勇敢不仅贯穿于中华民族一切劳动和社会生活的各个领域，也体现在中华民族德行的各个方面。中华民族依靠这种勤劳勇敢的民族精神，创造了一个又一个的人间奇迹。坚持和发扬这一精神，就能够在极端困难的条件和环境下，迎着困难而勇往直前、顶着逆流而百折不挠，直到取得最后的胜利。新时代，在大学生中弘扬“勤劳勇敢”的精神，有着尤其重要的意义。

## 三、大学生思想政治教育的时代内容

大学生思想政治教育的内容是一个既相对稳定又不断发展的体系。在现代社会中，世界新的科技革命风起云涌，经济全球化进程大大加速，现代化浪潮席卷全球，低碳经济、知识经济正在深刻地影响我们的生产方式和生活方式，全世界正在进行着经济发展方式的变革，思想意识也必须紧跟时代。因此，大学生思想政治教育需要不断增加新时代的思想内容。

### （一）中国梦教育

我们每个人都有自己的梦想，每个民族也都有自己的梦想。中国梦是中国人民的共同追求，对大学生进行中国梦教育，是当前思想政治教育工作的一项新的内容。

中国梦是中国共产党第十八次全国代表大会召开以来，习近平总书记所提出的重要指导思想和执政理念。2012 年 11 月 29 日，习近平总书记在参观《复兴之路》展览时把“中国梦”定义为“实现中华民族伟大复兴，就是中华民族近代以来最伟大的梦想”。

中国梦是全体中国人共同的梦想，是一种精神的力量，具有很强的激励功能。中国梦要求每一个中国人都用自己的勇气、智慧、创造精神争取美好生活。当每个中国人开始追求自己美好生活的时候，中国也就获得了自己的新生命。中国梦的精神力量在于，使青年学生相信只要通过自己力争上游的努力，就可以改变自己的命运，就可以获得成功。中国梦的精神力量还在于，使青年学生相信，在经济全球化和市场化的过程中每个人都有发挥才能的机会，都有可能实现自己的梦想。在大学校园内开展学习讨论和践行中国梦，可以营造一种积极向上的环境和氛围，通过这样的氛围达到育人的效果，帮助大学生形成积极的人生观和价值观。

在追求中国梦的过程中，高校内外都涌现出许多优秀人物和先进事迹，这些都对大学生的价值观起到引领作用。特别是在学校内部，优秀人物对学生的影响更大，他们可能是在某方面有突出业绩的学生，也可能是校内默默奉献、淡泊名利的普通教师，还可能是德高望重、具有突出贡献的学界泰斗，他们不断激励着大学生去追求真理、探索科学。

民族复兴的宏伟蓝图只有转化为一个个具体实在的建设目标，才能鼓舞人心，凝聚力量，才能在人们的具体实干中变为现实。从大学生思想政治教育的角度来看，凝聚功能是指中国梦这一激动人心的主题能够满足大学生追求进步的精神欲望，从而在大学生群体中形成一股向心力，这种向心力就是凝聚力，是一股强大的精神力量。中国梦形成的凝聚力，促使大学生向着共同的目标迈进，从而形成核心竞争力。中国特色社会主义道路，是一条爱国主义、集体主义道路，将个人的奋斗发展与全民族的奋斗发展有机统一起来，充分尊重人民群众的主体地位，充分发挥人民群众的积极性、主动性、创造性，让人民群众自己当家作主，实现自己的发展，建设自己的国家。

### （二）创新创业教育

创新创业教育作为一种实用教育，越来越多地被提及和重视，并成为大学生思想政治教育的新内容。其主要以培养具有创业基本素质和开创型个性的人才为目标，重点在于培育大学生的创新创业意识、创新创业精神、创新创业能力，主要包含了培养意识、学习知识，提升能力，加深对社会环境的认知，加强实践模拟等四个方面的内容。

#### 1.培养创新创业意识，学习相关的基本知识

培养学生的创新创业意识，使学生了解创新型人才的素质要求，了解创新

创业的概念、要素与特征等，使学生掌握开展创新创业活动所需要的基本知识，是十分必要的。学生只有备足了创新创业的功课，才能少走弯路。

2.提升思维能力、沟通协调能力以及管理决策和领导能力

创新创业教育可以不断提高大学生的思维能力，锻炼他们的沟通协调能力，同时也可以提升他们的管理决策和领导能力，这样有利于他们在结束大学学业，步入社会之后，能够独立地真正开展创新创业。

3.加深对社会环境的认知

大学生毕业后还是要步入社会职场，他们想要创新创业，就必须认识整个社会的市场经济环境，清楚掌握创新创业所带来的风险和压力，而不是肆意创新、盲目创业。这就需要开展创新创业教育，引导学生加深对社会环境的认知，了解创新创业机会，把握创新创业风险，掌握商业模式开发的过程、设计策略及技巧等。

4.加强实践模拟

通过撰写创新创业计划书、开展模拟实践活动等，鼓励学生体验创新创业准备的各个环节，包括市场评估、融资、创办企业流程与风险管理等，具有十分重要的意义。创新创业需要投入大量的人力物力去运作，而实践模拟可以在一定程度上解决资金和人力的问题，让学生体验创新创业的整个过程。

### （三）廉洁教育

“腐败”是“廉洁”的对立面，只有与腐败行为保持距离的人，才能称得上廉洁之人。学界有很多学者都对腐败做出了定义，主要有以下几种：第一，以公共职位为中心的定义。腐败是公职人员违背法律和规则、滥用公共权力以取得非正当利益的行为。第二，以市场为中心的定义。腐败是将公共权力商品化，实现公共权力和私人及团体利益的交换。第三，以公共利益为中心的定义。腐败是为了特殊利益（私人的、小团体的或者某个政党的）而忽略或者损害公共利益的行为。

从上述腐败的定义中可以看到腐败两个最为核心的因素：公共权力和公共利益。腐败的核心是公共权力的异化，腐败的目的是损害公共利益而满足小集体自身需求。因此，从这个意义来看，廉洁者往往能够把握底线，在适当范围内安排自己的活动。

在西方文化横行的今天，我们要坚守住我们的道德家园，把我国古代的廉洁教育先进经验与当代共产主义道德、与中华民族伟大复兴的梦想结合起来，对大学生进行廉洁教育。

我们要实现廉洁教育的开放化、全民化，使广大学生在现实生活中的思想和行为保持清廉。高校学生要积极参与到廉洁教育中，人人促廉，人人保廉，自觉地保持清廉。

## 第二节　新时期大学生思想政治教育的方法

要做好大学生思想政治教育工作，顺利地完成思想政治教育任务，就要掌握和运用正确的思想政治教育方法。思想政治教育方法是思想政治教育的主体为完成一定的思想政治教育任务，在对教育对象实施思想政治教育的过程中所采用的一切方式、办法或手段的总和。

## 一、理论教育法

理论教育法是思想政治教育最常用、最基本的方法。简单地说，理论教育法就是通过马克思主义基本原理、思想观念的传授、学习、宣传进行教育的方法。理论教育法也叫理论灌输法或理论学习法，是高校思想政治工作者对大学生有目的、有计划地进行马克思主义理论教育，使大学生树立正确的世界观、人生观、价值观的教育方法。

### （一）理论教育法的根据

之所以要有理论教育法，是因为政治理论、思想观念、道德原则等精神文化，有其自身的发展规律和特殊作用，这就是意识的相对独立性和它对社会存在的反作用。这种相对独立性和反作用在人的思想和行动方面的表现，就是人的自觉能动性。人的自觉能动性也叫人的主观能动性，就是有意识、有目的的活动。人的实践必然受一定的思想、理论支配，或者受正确的思想和理论的支配，或者受错误的思想和理论的支配，不受任何思想和理论支配的人的实践活动是没有的。动物的活动是一种适应环境的本能活动，它是不受思想和理论支配的。人的实践活动是绝对不能离开思想和理论指导的，因为只有思想和理论，才能引导方向，确立目标。同时，一定的思想和理论，由人们学习、掌握之后，便成为人们内在的精神力量。理论、思想的学习和掌握、运用和创立，在一定的情况下还起着决定的作用。

从上面的分析可以看出，人的自觉能动性理论说明了人对理论、思想、精神的需要与追求，而这种需要与追求的途径和方式，就是理论教育法或理论学习法。因而，人的自觉能动性理论决定了理论教育法产生的必然性。早在20世纪初，列宁就在《怎么办？》一书中提出“从外面”灌输社会主义意识，强调了科学、系统的社会主义思想不可能通过自发的方式产生，而只有通过学习、教育、宣传、实践等自觉的方式才能掌握。尽管今天的社会已不同于列宁当时所处的社会，但灌输原理并没有过时，马克思主义的科学世界观和方法论，是不可能不学而知、不教而会的，同样需要通过各种不同方式和途径的学习、教育才能在头脑中确立起来。在新的历史条件下，我们在进行马克思主义理论教育、宣传之外，还要通过人民群众的相互教育和启发，引导人们从个人、家庭和所在单位的局部利益和眼前利益以外，充分认识社会和阶级的整体利益，认清自己的历史地位和社会责任，引导群众向更高的思想境界和更高的实践阶段发展。

### （二）理论教育的具体方式

理论教育的具体方式是多种多样的：按教育的途径划分，有他人传授和自我学习；按教育的形式划分，有口头讲述和文字传播；按教育的作用划分，有形象感化和启发引导；按教育的范围划分，有普遍宣传和个别辅导。

以口头讲述为例，它是高校思想政治工作者通过口头语言向大学生传授理论知识，解释政治和伦理概念，论述哲学和科学社会主义原理与道德原则，阐述思想发展变化规律的教育方法，是使用最多、应用最广的一种理论教育方法。

这种方法是语言灌输的一种主要方式，它主要运用于系统的马克思主义理论教育、理论学习辅导和党的路线、方针与政策的解释、宣传。大学生思想政治教育工作者在运用这种方法时要注意：首先，内容要正确，理论、概念应具有科学性，讲述的事实同结论要保持一致。其次，既要全面、系统，同时要抓住重点，突破难点。最后，要采取启发式，循序渐进地进行引导，防止填鸭式和注入式，要特别注意大学生的学习效果。

再以普遍宣传为例。随着科学技术的进步和传播工具的发展，由大众媒介构成的环境对人们的思想观念具有广泛深刻的影响，人们时时刻刻处在这样的环境之中。普遍宣传是运用新兴大众传播媒介向大学生传播正确理论和先进思想的方法，既有理论的阐述与辅导，也有典型的学习、运用示范。因此，利用大众传播工具，主要是广播、电视、录音、录像以及网络等，来开办专题节目，宣传正确的理论和思想，引导大学生学习和思考，具有良好的效果。

### （三）理论教育法的运用条件

首先，完整准确地理解理论的内容，正确全面地领会和掌握党的路线和方针政策。采取断章取义的方式进行学习和教育，不仅不能形成正确的思想和科学的世界观，还会导致思想上的混乱。

其次，运用理论教育法一定要联系实际，善于引导大学生运用马克思主义的立场、观点和方法观察问题、解决问题，不能空讲道理。否则，教育就会出现脱离实际的教条主义倾向。同时，要根据大学生的思想觉悟、文化水平、职业特点，选择理论教育内容，使教育具有针对性。

最后，运用理论教育法时，既要批判错误的理论与思想倾向，努力形成教育合力与综合效应，也要坚持正面说理，以理服人，还要能够寓情于理，激发大学生学习的情感和兴趣，启发大学生积极思维，使教育生动活泼，富有吸引力。

## 二、实践教育法

实践教育法也叫实践锻炼法，就是组织、引导人们积极参加多种实践活动，不断提高思想觉悟和认识能力的方法，即在改造客观世界的过程中同时改造自己主观世界的方法。

### （一）实践教育法的理论基础

#### 1.实践是人的正确思想的来源

实践是人同社会环境和客观事物相联结的唯一纽带和桥梁。人们只有通过实践才能接触事物的现象，更要通过实践，才能透过事物的现象发现事物的本质和规律，形成正确思想。人的思想是社会环境和客观事物在人的头脑里的反映，正确思想是对社会环境和客观事物的正确反映，错误思想是对社会环境和客观事物的歪曲反映，只有实践，才是人的正确思想的来源，离开实践，只学理论或单凭直观的消极被动的反映，只能看到事物的表面现象和外部联系，无法认识事物的本质和规律。

2.实践是人的思想发展的动力

实践的发展，一方面不断给人们提供新的经验材料、认识工具和实验条件，帮助人们提高认识能力，促进思想发展，另一方面，还不断提出新课题，冲击人们的旧思想，推动人们从事新的探索，形成新思想。在我国改革开放不断深化和新技术革命迅速发展的历史条件下，新情况、新问题层出不穷，新的认识工具不断涌现，这些都要求人们改革思想观念和思维方式，使思想认识能够适应实践发展的需要。

3.实践是思想认识的目的和检验思想的标准

实践是人的思想的来源、动力，是人的思想认识的归宿，也是检验人的思想认识的真理性的唯一标准。思想、理论的基础是实践，同时思想、理论又反过来为实践服务。思想政治教育帮助人们树立远大的理想和道德情操，树立正确的世界观和人生观，其目的是指导人们去正确行动，帮助人们在实践中正确分析和处理各种实际问题，充分调动人们进行社会主义现代化建设的积极性和创造性。实践具有直接现实性的特点，是主观见之于客观的活动，只有实践，才能把主观同客观联系起来，才能把人的思想变成直接存在的现实。因而，也只有实践，才能直接检验人的思想是否同客观现实及其发展趋势相符合，是否具有真理性。

## （二）实践教育的方式

实践教育的具体方式是多种多样的。随着社会主义现代化建设和现代科学技术的迅速发展，人们实践的内容更丰富，范围更宽、方式更多样。因此，大学生思想政治教育与实践结合的内容、方法都要有新发展。

### 1.劳动教育

劳动教育就是在生产劳动过程中，帮助受教育者树立正确的劳动观点。马克思、恩格斯、列宁和毛泽东都非常重视教育与生产劳动的结合，认为在资本主义社会里这是改造社会的最强有力的手段之一；在无产阶级取得政权之后，这是培养理论与实际结合、学用一致、全面发展的新人的根本途径，是逐步消灭脑力劳动和体力劳动差别的重要措施。因此，大学生思想政治教育要注重对大学生的劳动教育，是引导大学生为社会主义现代化作贡献，培养全面发展新人的根本途径。

劳动教育的主要目的与内容：要大学生懂得只有通过辛勤的劳动，才能把我国建设成为社会主义现代化强国；帮助大学生认识劳动的地位与价值，使大学生树立正确的劳动观点；使大学生了解人类的历史首先是生产发展的历史，是劳动人民创造的历史；引导大学生走同工农群众相结合、体力劳动与脑力劳动相结合的道路；培养大学生热爱劳动和劳动人民的思想感情，树立马克思主义的群众观点，克服轻视劳动群众的旧习气。

对大学生的劳动教育，主要是通过生产劳动和公益劳动来进行的，还包括义务劳动、实习劳动、家务劳动等。要使各种劳动具有教育的作用与成效，一方面，大学生要明确劳动的要求和意义，增强参加劳动的主动性与自觉性；另一方面，大学生思想政治教育工作者要帮助大学生在劳动过程中不断总结，提高认识，巩固劳动锻炼所取得的成果。只有这样，大学生才能从有目的的活动以及这种活动所取得的实际效果中认识到它的价值，并在这种价值的实现中感受愉悦。

### 2.志愿者服务

志愿者及志愿者活动在我国最先是由青年发起和组织的，1993 年共青团中央决定实施中国青年志愿者行动，随后成立了中国青年志愿者协会。志愿者服务的内容和方式是多种多样的：按服务的内容划分有生活服务、生产服务、科技服务、信息服务等；按服务的方式划分则有劳务服务、智力服务、咨询服务、个别服务、群体服务等。大学生志愿者服务近年来在社会上产生了重大反响。

（1）大学生“三下乡”活动

大学生文化、科技、卫生“三下乡”活动已经坚持开展了数十年，广大青年志愿者积极参与，努力为实施科教兴国战略作贡献。全国有名的“研究生支教团”，长期深入教育落后的偏远山区义务支教，为农村教育的脱贫贡献力量。

（2）大学生志愿服务西部计划

该计划是教育部、人力资源和社会保障部、财政部、团中央根据国务院常务会议的要求，通过引导大学生到西部去、到基层去，促进西部地区教育、卫生、农技等社会事业的发展，拓展大学生就业、创业的渠道，努力培养造就一大批既有现代科学文化知识又有基层工作经验和强烈社会责任感的优秀青年人才。

（3）大型经济、体育、文化活动及社会公共活动场所大学生志愿者服务

大型经济、体育、文化活动及社会公共活动场所大学生志愿者服务活动是大学生服务者志愿参加的有组织、有目的的实践活动，是实践教育的重要方式。在活动中，大学生服务者自觉运用自己的知识、技能和体力为社会、为群众做实事、做好事、作奉献，这种服务与被服务的关系，是一种道德关系。大学生通过服务的实际效果，能够丰富思想感受和愉悦情感；通过社会的认可和称道，能够强化集体主义意识和奉献精神。

3.社会考察

社会考察，也称为社会调查，是一种有目的地观察、认识、研究社会现象，提高受教育者思想认识和解决社会问题能力的方法。

把社会考察作为一种实践活动的方式运用于大学生思想政治教育，其目的是帮助大学生深入社会实际，正确认识社会现象与社会问题。社会考察的对象包括社会客观存在和主观范畴的社会事实，通过直接收集事实材料，揭示事物的实质和发展变化的规律性，寻求改造事物的途径和方法。

把社会考察方法用于大学生思想政治教育，是我们党的优良传统。大学生广泛开展改革开放、社会主义现代化建设成果考察等，都是富有深刻教育意义

的活动，社会考察可以使大学生的思想和能力得到提高，而且自己亲手得来的考察结论对其也有启发和教育作用。大学生通过调查获得丰富的第一手材料，然后对其进行整理、分析和加工制作，去粗取精，去伪存真，由此及彼，由表及里，从感性认识上升到理性认识，得出既有事实根据又有理论思考的正确结论。这个过程对大学生学习能力的提高是大有益处的。

高校教育者引导大学生进行社会考察，需要做到以下几点：首先，要根据大学生思想政治教育的要求，确定考察任务、对象和范围，提出考察计划；其次，要组织大学生一起研究和制订考察计划，充分了解考察的意图和要求；最后，指导大学生参加实际考察活动，做好调查记录，随时整理资料，进行分析研究，写出考察报告。

4.虚拟实践

网络时代的来临，对大学生的学习、生活产生了重大影响。大学生作为青年群体，是网络人群的主体。网络是虚拟环境，大学生在这种环境中，扩大了与人的交往与思维空间，丰富了情感与思想。而只有计算机网络技术才催生了独立形态的虚拟实践。虚拟实践之所以具有实践功能，是因为大学生运用虚拟技术，能够在网络空间中进行有目的的、能动的改造和探索虚拟客体的客观活动，即人与客体之间通过数字化中介在虚拟空间进行双向对象化活动。因而，大学生在虚拟空间所进行的交流性、仿真性、设计性、探索性实践活动，同样需要正确理论指导和遵循必要规范，同样伴随着情感、道德、思想的发展变化，这正是网络思想政治教育形成与发展的原因。虚拟实践是人在现实空间实践活动的拓展与延伸，同样具有实践教育的作用。虚拟实践必须与现实空间实践相结合，高校网络思想政治教育必须与现实生活中的思想政治教育相衔接，不能脱离现实空间实践而陷入虚拟实践，不能忽视现实生活中的思想政治教育而陷入网络思想政治教育。

## 三、自我教育法

自我教育法是大学生按照思想政治教育的目标和要求自己教育自己，通过自我学习、自我修养、自我反省、自我总结、自我批评、自我改造等方式，主动提高自己的思想政治素质，以及自觉纠正自己的错误思想和行为的方法。

### （一）自我教育法的运用条件

自我教育法是受教育者按照思想政治教育的目标和要求，主动提高自身思想认识和道德水平以及自觉改正自己错误思想和行为的方法。这种教育方法是通过受教育者自身思想的矛盾运动进行的，使受教育者自觉接受先进思想和正确行为，克服错误思想和不良行为。自我教育法的运用与自我意识的发展相联系。自我意识，即主体的自我认识、自我评价、自我监督、自我调适等方面越发展，自我教育越自觉。一般说来，人到青年阶段，自我意识趋于成熟，能够比较客观、正确地评价自己和别人，发表独立见解，从行为的动机和效果的一致性上进行评价，形成自己的看法。自我教育是伴随着自我意识的发展而发展的，它是每一个人一生中在政治、思想、道德等多方面不断修养和完善的过程，是每一个人形成正确的政治观、人生观、道德观和正确控制自己行为所必须采取的方法。

教育和自我教育是相互联系、相互促进的两个方面。思想教育的效果必须通过人们自己的思想矛盾运动来实现。大学生思想政治教育不仅要求高校教育者把正确的思想和道德规范传授给大学生，更重要的是要大学生通过自身的思想矛盾运动，来达到自我教育的目的。同时，大学生自我教育的能力是在外部教育的影响下形成和发展起来的，只有经过教育才能培养和发展自我教育的能力。而自我教育能力的发展，又反过来促进大学生更自觉地接受教育，增强和巩固教育的效果。大学生思想政治教育的目的，最终是要提高大学生自我教育、自我控制的能力。

## （二）自我教育的方法

自我教育分为群体自我教育和个人自我教育。群体自我教育是指一个集体内部的互帮互教，是群众自己教育自己的活动。个人自我教育的主体既是教育者，又是教育对象。个人自我教育有自我修养、自我总结、自我鉴定、自我改造等形式。教育家苏霍姆林斯基十分重视自我教育，他说：“教育这个概念在广义上就是对集体的教育与对个人的教育的统一。而在对个人的教育中，自我教育则是起主导作用的方法之一。”一个人在帮助和教育别人的时候，自己也受教育，而且是一种广泛的、经常的自我教育。群体自我教育的形式是多种多样的，有集体讨论，批评和自我批评，开展竞赛活动，以及运用群众中的典型等。大学生思想政治教育中的自我教育法，主要是个人教育。下面着重介绍个人自我教育的几种方式。

### 1.自我修养

修养的内容很广泛，包括政治修养、思想修养、道德修养、文学修养等。马克思主义所说的自我修养，是在实践中的自觉学习与自我锻炼，是在改造客观世界的同时改造主观世界。任何人的政治素质、思想认识和道德水平的提高，都不是凭空得来的，只有在长期的实践中不断进行修养才能实现。只有在马克思主义指导下，在实践中自觉进行自我修养，才能适应社会的需要，并在推动社会发展的过程中不断完善自己。

自我修养的方法很多，这里列举两种主要方法。

（1）反省

反省，即自我省察，是个人对自己的思想和行为进行检查对照，寻找差距和不足的道德修养方法。反省是通过自我认识、自我剖析、自我评价、自我监督，对以往思想和行为的再认识，是一个人思想和道德品质修养自觉性的表现，也是一个人政治思想水平提高的重要条件。

反省，也可以称为内省或自省，中国历史上儒家曾倡导这一方法。孔子说：“见贤思齐焉，见不贤而内自省也。”孔子的弟子曾参提出了“吾日三省吾身”

的主张。大学生要及时自我反省，经常对自己的行为进行检查，认真做自我剖析，通过反省，提高自己的道德修养。

（2）反思

“反思”这个概念在思想政治教育中运用较多，它是指人们对以往的思想和行为进行系统的总结和深刻的理性思考。反思、反省都是主体的自我内心活动，但反思所涉及的内容不仅包含主体的主观因素，而且包含社会、环境等客观因素；不仅分析思想和行为的现实状况，而且追溯思想和行为的来龙去脉。同时，在反思中对某一思想和行为的思考，不是就事论事，不是简单地肯定或否定，而是要把它上升到理性的高度，运用一定的理论来揭示其实质。大学生要对自己的思想和行为进行反思，更深入地认识到思想和行为背后的实质。

大学生要正确进行反思，就要加强自我认识，使自己成为自我思想和行为的观察者，并能发现自己的思想和行为同正确的方向、原则之间的差距，开展内心对话，把自我认识转化为自我教育。只有不断提高政治理论和道德水平，摆正主观同客观的关系，依照正确的原则进行判断，才能够正确进行反思。

### 2.自我改造

大学生的自我改造不仅仅指主观世界的改造，这种改造不是孤立的内心活动，而是指在实践中，发挥主观能动性，自觉主动地进行自我剖析、自我批评，提高自己政治思想觉悟和道德水平的教育方法。实践是进行自我改造的基础，是推动自我改造的动力，也是检查自我改造成效的标准。

自我改造的过程，实际上是一个人自我完善的过程。大学生的自我改造，体现其自我教育的自觉性与能动性，大学生按照自己既定的正确目标，不断调整自己的思想和行为，逐步实现自我完善。大学生要想有效进行自我改造，既要学习马克思主义，在实践中掌握改造主观世界和客观世界的思想武器，又要严格解剖自己，对自己实事求是，认识自己的长处和短处。

### 3.自我管理

所谓自我管理，指的是自觉运用法纪、规章制度和道德规范约束自己，调控自己的言行。每一个人一生中都离不开自我管理，都要受自我意识的支配。

在社会主义制度下，国家的宪法、各项规章制度以及社会主义的道德规范都是代表和维护人民群众根本利益的，它不是外部强加给人们的硬性规定，而是每个人都应该自觉遵守的准则。

大学生的自我管理主要有以下两种方式：

（1）自律

人们在社会生活中，必须协调自己与社会的关系，这就需要自律。自律就是自己约束自己，自觉地将自己的行为限制在一定的规范之内。自律包含了人们应有的自我监督意识和自我控制能力。个人自我监督和自我控制的程度主要取决于自觉性和文化、道德水平。大学生是青年人，有时难免会凭感情用事。大学生要自己有意识地约束自己，合理控制自己的情绪与行为。

（2）自我调控

所谓自我调控，是指教育者通过帮助受教育者进行自我认识、自我导向、自我控制来解决思想困惑、消除心理障碍的方法。大学生由于身心发展的不平衡、自我意识的增强与认知能力发展的不协调、情绪的不稳定性以及现代社会激烈的就业压力等因素，产生了一系列的心理危机现象，这就需要自我调控来解决。自我调控就是大学生要有自我认识的自觉性，能够了解自己，接纳自己，树立必要的自信心，同时要有自我把握、自我调控的能力，学会正确调整思维方式、心理结构，正确调整与环境的关系。

大学生在进行自我调控时，包含以下几方面的内容：

第一，认知调控。大学生要正确认识现实，悦纳自我，树立坚定的社会主义信念，合理定位自己的学习目标、工作目标，使思维与心理达到平衡。

第二，大学生思想政治教育工作者要积极引导大学新生对大学生活的适应，帮助部分大学生消除恐慌、焦虑等情绪反应，使大学新生适应大学生活，能够合理安排自己的生活。

第三，情绪调控。当今社会是一个开放性、多样化、快变化、高压力的社会，随着物质生活、社会生活、文化生活的丰富，大学生的精神世界也在不断丰富与变化着。就业、恋爱等问题对大学生造成了不小的压力。大学生要学会调控自己的情绪，以增强竞争能力与心理承受能力，让自己的大学生活过得充实、愉快。

## 四、典型教育法

### （一）典型教育法的含义及作用

典型教育法，即示范教育法，是运用具有代表性的人或事进行示范，通过活生生的典型人物或事件来进行教育，从而激起大学生思想情感的共鸣，引导大学生对照和仿效的方法，具有形象、具体、生动的特点。和说理教育相比，它更富有感染力和可接受性，可以更好地帮助和启发教育对象提高思想政治觉悟。

典型和榜样是时代精神的集中体现，具有十分直观的教育和引导作用，是激励鞭策人们努力进取的直接动力，我们党不管在革命战争时期还是在社会主义建设时期，都非常重视树立先进典型。在革命战争时期，那些在枪林弹雨中涌现出来的战斗英雄，他们可歌可泣的英雄事迹，成为中国人民的宝贵精神财富，永远激励着人们奋发进取。在社会主义建设时期，英雄模范人物更是层出不穷，特别是共产主义战士雷锋，他的精神曾经鼓舞了一代又一代人为建设社会主义事业而奋斗。在建设中国特色社会主义的今天，雷锋精神也不过时。

### （二）典型教育的具体方法

#### 1.正面典型教育法

正面典型，又称先进典型、进步典型，是能体现或代表先进思想，在大学生中起榜样示范作用的典型。正面典型的作用就是榜样的作用，而榜样的力量是无穷的。正面典型教育往往有着极强的感召力和说服力，能起到激励和引导大学生奋发向上的作用。一方面，榜样所体现或代表的先进思想，常常寓于具体事例之中，易于学习和理解，具有很强的说服力，能够起到正面引导作用。另一方面，典型的先进事迹或英雄行为形象生动，易引起大学生在思想感情上的共鸣，这种共鸣又能够潜移默化地促进大学生思想认识的提高，激励大学生效仿榜样的言行去做人做事，自觉控制自己的行为，逐步向着高尚的思想境界迈进。

在运用正面典型教育法时，大学生思想政治教育工作者应注意以下几点：一是要善于发现和推广具有时代感和代表性的人物，注意选取能够引起大学生共鸣的典型事例；二是要适度进行宣传，注意分寸，留有余地，不能言过其实、任意拔高。

### 2.反面典型教育法

反面典型就是落后的或反动的典型，包括反面典型人物（也叫“反面教员”）和反面典型事例（也叫反面教材），是在大学生中产生消极影响和对社会产生破坏作用的典型。利用反面教员和反面教材开展大学生思想政治教育，就是通过揭露或批评错误或反动的观点，给大学生以教训，使其引以为戒，或使其认清反动实质，同时宣传正确和进步的观点。今天，高校除了要用社会主义核心价值观引导大学生思想政治教育工作，还应当利用反面教材开展对大学生的思想政治教育工作，其目的就是把非马克思主义和反马克思主义的东西摆在大家面前，让大学生认清其本质，从而接受锻炼，增强辨别和选择的能力。

运用反面典型教育法时应注意以下几点：一是高校思想政治教育工作者要勇于面对反面教材和教员，对客观存在的反面教员和教材，不要避而不谈、有意回避，事实上也回避不了，反面的东西总是要寻找各种机会出现在人们面前，将其封锁起来反而更危险。高校思想政治教育工作者要能够自信地对学生进行反面教育，使学生认识到其危害。二是高校思想政治教育工作者要引导大学生分析反面典型产生的根源及其危害，从而帮助大学生自觉抵制反面典型的消极影响，增强接受正面教育的积极主动性。三是高校思想政治教育工作者要根据大学生的不同思想水平，选取适当的内容，因人而异，切不可对所有教育对象都选用同样的案例。

应用反面典型进行教育，不仅能有效消除反面典型的消极影响，还能够从反面强化正面教育，使正面教育更鲜明、更有力。应用反面典型进行教育的方法，可以使大学生从正面与反面的比较中，明确我们所要提倡的、肯定的思想和行为的正确性，并对我们所反对的、否定的错误行为和思想有所警惕，进行防范和抵制。

## 五、隐性教育法

大学生思想政治教育的发展与内容的实施、活动的开展、任务的完成，都离不开教育方法，隐性教育是适应时代发展和现代主体而迅速发展的一种教育方法，是新时期大学生思想政治教育方法研究的重要课题，是大学生思想政治教育方法的创新点。

### （一）隐性教育法的含义

大学生思想政治教育的隐性教育法，是指大学生思想政治教育工作者隐藏教育目的和主题按照预定的教育计划和方案，将教育内容渗透到大学生日常工作、学习和生活中，使大学生在不知不觉中受到熏陶的一种思想政治教育方法。

隐性教育法是实现思想政治教育功能的一种特殊有效的实施方法，其作用是显性教育法所不能替代的。隐性教育法是与显性教育法相区别而存在的教育方法。与显性教育法相比，它不仅能将教育内容和要求渗透到教育对象的社会生活和日常生活的广阔空间，还能充分尊重教育对象的主体地位，有效避免其产生逆反心理，增强其参与意识，从而提高思想政治教育的覆盖面和影响力。由于隐性教育有着独特的优势和作用，因此被广泛运用于思想政治教育的实践之中。

### （二）隐性教育的特点

由于隐性教育突出强调的是教育对象在潜移默化中接受思想政治教育信息，因此针对大学生的隐性教育具有以下几个特点：

#### 1.教育过程的非强制性和愉悦性

一方面，隐性教育是大学生思想政治教育工作者通过设置一定的教育环境，以社会、学校、家庭生活的各种因素为学习内容，在自然、愉悦的氛围中通过自己的直观思维和情感体验来使大学生接受教育内容，并转化为学生自己的思想品质、道德行为的。另一方面，由于隐性教育的目的和内容隐藏于各种活动中，大学生思想政治教育工作者没有给大学生以任何明确的、直接的外部强加意图，使大学生完全处于一种自愿、自主地选择和参与教育活动的自发状态。因此，隐性教育是轻松、愉快的，是为大学生所乐于接受的。

#### 2.教育效果的独特性与持久性

隐性教育是通过大学生自身的同化和接受起作用的，在这里，大学生的顿悟和内化发挥着极为重要的作用。因此，隐性思想政治教育具有独特的、其他教育方式无法代替的教育效果。同时，由于隐性思想政治教育需要较长的时间和较长的过程，大学生是在不知不觉中接受教育的，因此和显性教育的单向灌输或理性说教相比，隐性教育的效果常常要稳固得多，并且更具有持久性。

#### 3.教育目的和内容的隐蔽性与暗示性

相对于显性教育而言，在隐性教育过程中，教育者、教育内容、教育目标等都不是直接显露而是隐藏的，即将教育目的和教育内容等隐藏在大学生的日常工作、学习、生活中，通过激发大学生的兴趣，使其在潜移默化中接受教育内容，从而达到教育目的。

#### 4.教育对象的主体性与接受教育的自主性

隐性思想政治教育是一种以教育对象为主体的自主性教育。在对大学生进行隐性教育的活动中，大学生思想政治教育工作者成了服务者，思想教育内容和要求成了大学生在活动中需要的信息，这就使大学生感到自己不再是被动的教育客体，隐性教育的过程完全是大学生自主选择和主动参与的过程，从而较好地满足了其自主与自尊的需要，推动其在自主活动中将社会要求的思想观念和行为规范内化为自身的思想品德和信念。

5.教育方式的间接性与渗透性

隐性思想政治教育是一种间接的、渗透式的教育。教育的方式是间接的，即大学生思想政治教育工作者不是通过灌输式的教育方法直述道理，而是采用迂回、渗透的教育方式，在日常工作、学习和生活中，借助一定的教育载体间接地对大学生进行渗透，使大学生在一种无意识的状态下进入教育者所创设的教育环境中，自觉地接受教育内容，达到教育的效果。

## （三）隐性教育的主要方式

隐性教育的方式是隐性教育法在不同范围、不同条件下运用的基本形式，主要方式有以下三种：

1.与教育者人格相结合的隐性教育方式

教育者的人格是其在与教育对象交互作用过程中展现出来的整体形象，包括教育者的观念、心理、智慧和行为方式等内容。运用教育者人格的力量进行隐性教育可从三个方面入手：一是大学生思想政治教育工作者要注意提升自己的人格魅力。大学生思想政治教育工作者只有自觉追求人格的自我提高和自我完善，才能用不断提高的良好人格去启迪、感染和引导大学生。二是大学生思想政治教育工作者要以学生为本，为了学生的一切，关心学生，帮助学生解决问题，赢得学生的信任和尊重，从而使学生“亲其师”而“信其道”。三是大学生思想政治教育工作者要以身作则、言行一致，带头践行自己所倡导的道德观念和价值标准，以自身的模范行为无声地引导大学生，从而增强思想政治教育的说服力、影响力和感召力。

2.与微观环境相结合的隐性教育方式

这里的微观环境主要是指大学生工作、学习和生活的社会小环境，特别是以各种社会组织层面为主的环境因素。

（1）将大学生思想政治教育与学习活动相结合

运用大学生思想政治教育与学习活动相结合的隐性教育法，要求大学生思想政治教育工作者根据大学生个体的身心发展特点，将教育内容融入大学生学习、生活的全过程。尽管这种隐性教育没有专门的思想政治教育活动和课程那么系统，但有潜移默化、可感性强的优点，因而更容易收到实效，更容易达到大学生思想政治教育的目标。

（2）将大学生思想政治教育与组织的管理活动相融合

一方面，在组织的管理过程中体现大学生思想政治教育的原则和要求；另一方面，使大学生在接受管理的同时，接受大学生思想政治教育所倡导的价值观念。

（3）将校园文化建设和校园文化活动相融合

校园文化是学校在长期生存和发展中形成的有自己特色的文化积淀，校园文化建设是大学生思想政治教育的重要环境因素。大学生思想政治教育工作者要以马克思列宁主义、毛泽东思想、邓小平理论、“三个代表”重要思想、科学发展观和习近平新时代中国特色社会主义思想为指导，积极为大学生创设健康向上、丰富多彩的校园文化活动，提高大学生的实践能力，陶冶大学生的情操。

3.与宏观环境相结合的隐性教育方式

与宏观环境相结合进行大学生隐性思想政治教育的具体方法有三个。一是将思想教育与物质环境建设相结合，形成环境育人的良好局面。二是将思想教育渗透到学校整体的建设之中，充分发挥制度育人的优势。一方面，要充分运用融合了大学生思想政治教育要求的制度引导、规范大学生的行为，以发挥制度育人的作用：另一方面，要用社会主流的核心价值体系指导制度的设计，使之充分体现正确的价值取向。三是将高校思想教育渗透到校园精神文明建设之中，使良好的文化环境成为实施隐性教育的重要途径。

在实际生活中，以上三种教育方式是互相联系、互相渗透、有机融合的，大学生常常是同时接受着以上三个层面的隐性思想政治教育。

## （四）运用隐性教育法的基本要求

任何思想政治教育方法都有其特定的使用条件、范围和要求，教育者在教育过程中必须从实际出发加以运用。运用隐性教育法时，要注意以下几方面的要求：

### 1.要注意精心选择隐性教育的载体

由于隐性教育的目标、内容必须具有隐蔽性，因此与显性教育相比，隐性教育需要一定的载体或中介。教育载体是教育者按教育目的设定的、蕴含着教育意义的事物或氛围。大学生思想政治教育工作者在选择隐性教育载体时必须考虑两个方面：其一，在选择和设置教育载体的时候，要充分考虑大学生的家庭背景、成长经历、性格等差异，并根据这些因素的差异，精心选择教育载体、构筑环境，创造氛围，以提高隐性教育的实效；其二，所选择的载体必须具有较强的教育意义。只有能被高校思想政治教育工作者按教育目的加以设定的，有着丰富教育意义的事物和氛围，才能成为隐性思想教育的载体。

### 2.对隐性教育过程进行精心组织、策划和引导

隐性教育对教育对象来说是隐性的，但对教育者来说应该是自觉的、显性的。因此，隐性教育法并不是一种放任自流、任其发展的方法。在实施大学生隐性教育时，教育情境的设置是否合理，教育内容的渗透是否科学，能否为大学生所接受，都会影响教育的效果，需要高校思想政治教育工作者下苦功夫去钻研。同时，由于隐性教育的隐蔽性，高校思想政治教育工作者对大学生的引导和控制就显得更加困难，不可能像显性教育那样亮明自己的意图，指出大学生的错误，但又不能任其发展，这就需要高校思想政治教育工作者时刻关注事态的发展趋势，及时把握大学生的内心活动，取得大学生的充分信任，寻找机会对大学生进行引导。

3.要坚持隐性教育与显性教育的有机结合

在大学生思想政治教育实施方法体系中，隐性教育法与显性教育法是相互依存的两个方面，显性教育是隐性教育的重要依托，隐性教育是显性教育的必要补充。我们倡导在大学生思想政治教育中运用隐性教育法，决不意味着要否认和放弃显性教育法。相反，显性教育法一直是居于主导地位的思想政治教育方法，它既能够使社会的导向明确，对全社会主流意识的形成有重要价值，又能使大学生明白社会需要什么，应该怎样做才能符合社会的要求，实质上是给大学生树立了正确的导向，起到了主心骨的作用。因此，运用显性教育法开展各种正面教育活动，仍然是思想政治教育的主渠道。由于隐性教育目的的隐蔽性，不能对教育过程进行直接的指导与调控，难以形成大规模的重点突出、目标明确、内容系统的思想政治教育局面，难以完成系统的理论教育任务，因此，它只有和显性教育实现有机结合，才能使大学生思想政治教育的效果更加理想。隐性教育的效果好并且持久，其作用是显性教育无法替代的，但其局限性也是很明显的。总之，显性教育和隐性教育各有长短，只有将二者结合起来，通过彼此间的相互影响、优势互补，才能形成合力，更好地实现大学生思想政治教育的目的。

4.注意隐性教育过程的长期性

隐性思想政治教育的目的、内容的隐蔽性以及教育过程的非强制性，使得它只能以诱导、感染、熏陶等方式发生影响，这就难以获得立竿见影的效果，而需要经历长期的教育过程。从隐性思想政治教育的实践看，大学生接受隐性思想政治教育的时间与教育的效果是成正比的，受教育时间越长，教育效果越好。这就需要大学生思想政治教育工作者有足够的耐心和恒心，不能急于求成，否则就会欲速则不达。只有持之以恒，才能使隐性思想政治教育收到预期的效果。

## 六、网络思想政治教育方法

网络给大学生带来了一种全新的生活方式。以互联网为代表的现代科技深刻地影响着社会进程，影响着当今大学生的思想和行为方式，这给高校网络思想政治教育带来了契机和挑战。在网络环境下，大学生思想政治教育除了上述几种方法，有专门针对网络思想政治教育的一些特殊方法，如网站吸引法、在线交流法、虚拟伦理训练法、数字娱乐法、关注跟踪法和取舍应对法等，以下进行简要介绍。

### （一）网站吸引法

大学生思想政治教育工作者通过网络传播媒体吸引大学生的注意而进行教育的方法即为网站吸引法。当今高校的校园网已在客观上成为大学生信息的重要传输载体和思想行为的重要影响力量，高校应该充分认识其对大学生的引导作用。网站吸引法通过网上健康积极的内容、务实有用的信息、直观新颖的形式来提高大学生的注意力、关注度和认同感，通过入眼、入耳达到入脑、入心的目的和效果。

### （二）在线交流法

大学生思想政治教育工作者通过互联网与大学生进行实时交流和对话的教育方法即为在线交流法，这种方法克服了面对面时的紧张、戒备、尴尬和顾忌，使得大学生更容易畅所欲言。这是一种点对点、互动式、共时性的教育操作方法，为使在线交流和思想沟通深入而有效，就要做到内容的贴近性、情感的相融性、方式的引导性和过程的互动性。

### （三）虚拟伦理训练法

虚拟伦理训练法是指利用虚拟技术以及虚拟现实技术构建现实的道德情境，使参与者身临其境时进行规定的伦理训练。虚拟伦理训练法具有现场感、形象化、自主性等优点。尽管这种“现场”是模拟的，但有效地克服了只重道德原则而忽视规则应用的具体情境的缺陷。虚拟伦理训练法能充分调动大学生的积极性，让他们在虚拟环境中自主地思考和处理道德问题，自主地做出道德选择，这样有助于培养大学生自律的意识。虚拟伦理训练设置的情境考虑了各种可能的复杂关系，并提供了解决这些关系中可能出现的各种道德问题的正确思路，而且其操作系统可反复进行。因此，经过这样训练的人，就可以熟知道德规范并形成处理各种道德问题的相应的能力。

### （四）数字娱乐法

大学生思想政治教育工作者利用娱乐巨大的情境吸引性、广大网民的参与性、思想的渗透性等特点来对大学生进行潜移默化的影响的方法即为数字娱乐法。提供娱乐是网络媒体的重要功能，获取娱乐信息、得到休闲娱乐也是广大网民对网络媒体的主要期望。数字娱乐法是一种寓教于乐的方法，其有效实施的关键是要找准数字化和娱乐性的结合点，选好题材和形式，充分体现思想的健康性、题材的新颖性、内容的丰富性和方式的渗透性。

### （五）关注跟踪法

为了获取大学生的思想信息，而对大学生的网络行为、网络语言进行关注和跟踪的手段和途径即为关注跟踪法。对大学生的思想信息进行关注和跟踪并不困难，关键是全面客观，这就需要进行全时关注和全程跟踪。关注和跟踪的方法有很多：从大学生的构成来看，针对大学生个体可通过网上聊天、邮件发送等方式进行，针对大学生群体可通过网上调查、论坛讨论等进行；从思想信息的状态来看，对于已经形成的思想信息可通过流量统计等方式进行，对于正在形成的思想信息可通过在线交流等进行，对于将要形成的思想信息可通过思想预测、技术监控等进行。

### （六）取舍应对法

在获取大学生一定思想信息并进行初步辨别分析的基础上，为了及时引导和把握舆论方向、充分保证内容健康向上而做出取舍和应对的手段和途径，就是取舍应对法。取舍应对法是有效防止思想混乱、行为过激和事态恶性发展的重要举措。高校思想政治教育工作者可以通过采取立即删除发表错误言论的帖子、密切监控煽动是非的网络行为，及时澄清各种谣言等，把有关思想问题控制在萌芽状态和一定范围之内，使之不再扩大。取舍应对法要及时稳妥，避免贻误时机和操之过急。当然，取舍应对法只是应急之计，确立和实施具体的思想引导方法才是治本之策。

# 第五章　新时期大学生思想政治教育的主要路径

## 第一节　价值引领：班级活动与思想政治教育相融合

一般而言，思想政治教育是社会或社会群体用一定的思想观念、政治观点、道德规范，对其成员施加有目的、有计划、有组织的影响，使他们形成符合社会所要求的思想品德的社会实践活动。

习近平总书记指出："核心价值观是一个民族赖以维系的精神纽带，是一个国家共同的思想道德基础。"(《在文艺工作座谈会上的讲话》)通过理论创新、舆论宣传、教育引导、文化熏陶、实践养成、制度保障等途径，社会主义核心价值观在全社会逐渐像空气一样无处不在、无时不有，日益成为 14 亿多中国人的精神追求和自觉行动。由此可见，努力将中国特色社会主义核心价值观等主流价值观和各种普适性道德规范等社会规范内化为大学生德性和行为准则的过程，是高校思政育人的主渠道，同时又是激活与唤醒大学生公民道德意识的过程。

# 一、班级的基本概念及建设过程

## （一）班级的基本概念

班级是为方便教学管理和日常管理而设立的组织，是把年龄和知识水平相近的有共同学习目标和任务的学生以固定人数聚集在一起的基本群体。无论是学前教育、基础教育抑或高等教育，都把班级视为学校教育的基本单元和学生活动的主要场所。

## （二）班级的建设过程

班级的形成和发展是一个比较复杂的过程，理解和把握其主要特点与基本规律，对于加强班级建设和实现班级活动与思想政治教育的融合具有重要的理论和现实意义。一般而言，班级建设会经历三个不同的阶段：松弛的“组合体”形态、严谨的“集合体”形态、完备的“共同体”形态。

### 1.松弛的“组合体”形态——班级建设的初级阶段

该阶段的班级具有从松弛、不紧密向逐渐聚合发展的基本特征。刚入校的新生承载着家长、教师和社会的期盼，对新校园、新老师、新同学的新鲜感和好奇心使学生对即将开始的校园生活充满期待和向往，班级成为其展现个性、放飞自我的舞台。班主任会给学生建章立制，提出班级纪律要求和作息时间，选拔和任命班级学生干部，明确工作职责，开展班级活动，激发班级活力，形成班级凝聚力，为班级建设和发展奠定基础。班主任在班级形成和建设中发挥了主导作用，全体学生在班主任的统一领导下开展班级活动。在班级里，学生逐渐完成从个体意识向集体意识的转变，从个体自然性向组织社会性的转变，从生活作息习惯的个性化向有纪律意识的集体化转变。

### 2.严谨的“集合体”形态——班级建设的发展阶段

随着学生对班级组织规范的适应、理解和认同，班级也由松弛的“组合体”变为严谨的“集合体”。这一阶段班级的主要特征体现为由班主任主导管理向班委会主导管理转变，班委会由班主任选拔和任命，并直接对班主任负责。具有各种才能的“班级领袖”开始出现，班级学生骨干力量日益成为班级管理的领导核心，成为班主任的重要助手。班级班风开始形成，班级成员逐渐认同由学习成绩、道德表现、美术、体育、社会实践等方面构成的“德、智、体、美、劳”全面发展的主要评价标准，并认同以纪律约束个体行为的班级规范。班级目标和学风建设被提上议事日程。班级成员的集体意识和集体荣誉感，学生干部的职责意识和管理意识，以及学生参与班级管理的主人翁意识开始萌芽。目前，绝大多数班级处于此阶段。

3.完备的“共同体”形态——班级建设的高级阶段

在这个阶段，班主任基本放权给班干部进行班级管理，自己的重心主要放在加强班干部的教育和培养上，逐渐由直接统一安排班干部工作和班级活动向征集班级成员意见后进行工作安排过渡，鼓励全班学生积极关心班级事务，共同参与到班级管理中去。班级管理和活动组织由竞选上任的班委会统一策划和安排，班级规范由全班同学一起制定、修改和完善，班干部的产生、任期以及换届选拔均由全体同学共同协商确定，班主任的角色由班级管理的“主角”（直接管理者）变为“守夜人”（间接管理者），形成了充分发挥学生自我管理能力的班级民主管理机制。“共同体”无论从形式到内容、从理念到实践，都区别于班级建设初级阶段的“组合体”形态和发展阶段的“集合体”形态，是班级建设的高级阶段。

## 二、班级“共同体”形态的基本特征

班级从严谨的“集合体”形态过渡到完备的“共同体”形态是一个不断演进的过程。班级“共同体”形态的基本特征主要包括：

第一，主人翁意识和集体意识开始萌芽。每一个班级成员开始明白和理解自己完全可以进行自我管理，涉及班级共同利益的事务则需要班级全体成员共同商讨和决策，班级成员的主人翁意识和集体意识开始萌芽，班级建设的“施工蓝图”由此展开。

第二，共同体价值诉求的彰显。班级成员追寻的共同体价值意蕴包含在班级共同体目标达成和班级建设过程中，应充分理解和尊重个人的思维独立和行为自由，为班级成员的成长和发展提供合理的空间，寻求班级共同利益的最大公约数，让每个班级成员都能感受到集体自豪感和班级的强大凝聚力。

第三，合理定位个体角色。班级成员在班级中能发现自己的优点和缺点，扬长避短，妥善处理好个人利益和集体利益的关系。

第四，目标规范的行动升华。在充分征询班级成员意见的基础上形成班级建设的共同目标和规范，以此作为班级成员的行为指南和价值追求，让他们在共同体价值基础上进行自我教育和自我管理，做到严于律己。

据此，班级的“共同体”形态，不仅是教育公平公正的需要，也是班级成员共同利益的基本诉求，需要班级成员携手共同努力才能达成。

## 三、班级活动融入思想政治教育的路径选择

大学班级是高等教育最基本的单元组织，是大学生价值观内化、行为养成和多元共同体形成的重要载体。良好的班风班貌和充满正能量的班级精神，是大学生躬行践履诚实守信、勤奋进取的优秀道德品质，夯实思想政治教育现实根基的重要抓手。

### （一）实现教育者主导性与受教育者主体性共生共存，推动思想政治教育理念更新

苏联著名教育家苏霍姆林斯基说：“没有自我教育就没有真正的教育。”因此，培养与重视大学生在教育中的主体性角色，是思政教育工作者不得不面对

的重要问题。

马克思主义哲学尊重人的自然属性、精神属性和社会属性，使人以一种全面的方式，也就是说，作为一个完整的人，占有自己的全面的本质。尊重学生的主体性始终是教育的底色，我们应当以更加开放包容的态度对待学生之间存在的差异。理解并认同学生的主体性和多元化属性，推动教育者主导性与受教育者主体性深度融合和良性互动，形成思政教育良好生态，对培育和造就富有远见和创新力的新时代大学生具有至关重要的作用。

当然，我们也要看到，人的主体性也存在消极性，在个体上常常表现为被动性、依赖性、重复性等特性。因此，思政教育工作者要自觉尊重受教育者的主体性，把自我管理的主动权交给大学生，推动思想政治教育理念的更新，变一味说教和权威性主导为尊重学生的主体性，抑制消极性因素，对大学生多元化价值追求进行合理引导，激发大学生主观能动性。具体来讲，就是要利用班级活动助人自助，以真正为受教育者带来更加美好的教育体验为宗旨，实现教育者主导性与受教育者主体性和谐共生。

### （二）提高班级活动参与性与互动性，增强思想政治教育的黏性和实效

如何适应大学生的身心特点和成长规律，在班级活动中丰富大学生思想政治教育的载体，提高班级活动的参与性与互动性，用班级文化氛围熏陶、教育和引领大学生不断成长，仍然是一个需要不断探索的现实课题。具体来讲，就是要做到“三个坚持”，增强大学生思想政治教育的黏性和实效。

第一，坚持在“三全育人”工作新机制上下功夫，推动班级思想政治教育“活起来”“深起来”“实起来”，努力把班级思想政治教育成果转化为推动学生社会主义核心价值观培育和养成的不竭动力。

第二，坚持涵养环环相扣、阶梯式上升的班级思想政治教育生态，避免千人一面，力求做到学生思想政治教育的具体化和个性化。通过举办班级文化风

采展示等活动，构建以团结、友善、包容为特色的积极向上的班级文化氛围，增强班级凝聚力，营造良好班风学风，让班级里每一个学生都能充分感受到学校师生的关爱和认同，与班级共荣辱、共成长，积极参与班级活动，在活动中增长知识、陶冶情操、接受教育、健康成长。

第三，坚持“班级主题教育”与“第二课堂”相结合，强化思想政治教育专兼职队伍的相互协作，形成思想政治教育进班级、进宿舍、进网络等一系列在新形势下开展思想政治教育工作的新机制、新方法。

### （三）提升文化自觉、自信与自尊，促进文化育人，为大学生思想政治教育注入文化基因

大学应注重以文化人、以文育人，增强师生文化自信。文化育人是充实大学生精神家园的生动实践，必将丰富和拓展社会主义先进文化的时代内涵。当下，我们正处于百年未有之大变局中，青年一代肩负着民族复兴的大任。而在全球科技激烈竞争和西方文化渗透的当下，提升民族文化自信和自尊的基本前提是文化自觉。当前，以 5G 引领数字化、智能化的新经济蓬勃发展，并深刻影响着全球科技和经济的发展。大学作为高等文化学府，是“全盘西化”和“文化孤立主义”两种思潮交锋的主要阵地。大学生群体对社会思潮比较敏感，兴趣爱好可塑性强，正成为霸权主义文化侵袭的重点人群。因此，班级要通过举办汉服秀等传统文化风采展示活动，围绕端午、中秋、春节等中国传统节日重要时间节点，培养学生的爱国爱家爱校情怀，构建以班级为单位的传统文化教育活动，形成朝气蓬勃、乐观向上的校园文化氛围。班级还可以通过组织观看影视资料、参观文化古迹、举办征文和演讲比赛等各类主题活动来进一步增进学生对中华五千年灿烂文化的了解，培养学生的民族自尊、民族自信和文化自觉，促使他们为中华民族伟大复兴和国家富强而努力奋斗。

# 第二节 德育感化：校园文化活动与思想政治教育相融合

2016 年 12 月，在全国高校思想政治工作会议上，习近平总书记强调："要坚持把立德树人作为中心环节，把思想政治工作贯穿教育教学全过程，实现全程育人、全方位育人。"高校思政教育工作者要千方百计加强教育引导，让社会主义核心价值观之花在大学生心中美丽绽放。

## 一、组建大学生理论宣讲团，让大学生讲好中国故事

高校应遵循马克思主义大众化和大学生思想政治教育工作规律，依托马克思主义传播人才培养的专业特点，探索建立一支以学生骨干为核心的理论宣讲团，用大学生的视角来宣讲习近平新时代中国特色社会主义思想和党的二十大精神，贴近学生，营造浓厚的理论学习氛围，增强思想政治教育活力。

### （一）立足新时代的宣讲内容

宣讲的内容是否具有时效性和针对性，决定了理论宣讲是否真正能够达到思想政治工作的要求。因此，宣讲团要立足新时代新征程，跳出传统宣讲套路，从内容、形式、载体、方法、手段等方面，全面解读和贯彻落实习近平新时代中国特色社会主义思想及党的二十大精神。

### （二）"双向互动"的宣讲方式

宣讲在形式上要讲究语言的规范性和严谨性，采用说理和案例启发相结合的方式，特别强调与学生的互动，变传统的"单向灌输"为"双向互动"；同

时，宣讲还应着眼党和国家事业发展全局，高度负责尽责，提高贯彻落实的质量和水平。

## 二、精心谋划特色党建品牌活动，以党建活动为引领，推动思想政治教育高质量发展

精心谋划学生党建特色品牌活动，可以在主题党日活动中设置“学习强国”专栏学习、重温入党宣誓、过集体政治生日等环节，增强组织生活的仪式感、吸引力，组织开展“读《习近平谈治国理政》主题征文比赛”“党史百年知识专题学习”等一系列线上线下品牌活动，以学生党建活动为抓手，牢记“为党育人、为国育才”的使命，将思想政治教育融入人才培养的全过程，以党员为榜样，引导全体学生做“德才兼备”的时代新人，做“追梦人”，与祖国同呼吸共命运。

## 三、创新党史学习教育方式，奏响党史育人“三部曲”

2021 年 4 月 19 日，在清华大学建校 110 周年校庆日即将来临之际，习近平总书记来到清华大学考察并强调：“广大青年要爱国爱民，从党史学习中激发信仰、获得启发、汲取力量，不断坚定‘四个自信’，不断增强做中国人的志气、骨气、底气，树立为祖国为人民永久奋斗、赤诚奉献的坚定理想。”

### （一）立德树人，奏响思政育人“初心曲”

牢记“为党育人、为国育才”的初心使命，结合学生特点和学科特色，创新党史学习教育方式，将党史学习教育融入思想政治教育全过程。用好课堂主

渠道，把党史学习教育融入思政课程和课程思政之中，组建党史学习教育宣讲团，组织优秀辅导员带领学生党员进校园、进社区、进企业、进农村，讲党史、讲社区治理，把党史学习教育同为人民服务结合起来。

充分利用红色文化主题教育基地，开展爱党爱国理想信念教育。例如，在庆祝中国共产党成立100周年之际，在红色文化革命纪念馆等爱国主义教育基地举办开展学生新党员代表宣誓入党仪式等主题宣传教育活动，增强育人的仪式感。

组织学生实地参观学习打造“行走中的党史课堂”，推出“教授讲党史”“探寻家乡红色遗址，感悟家乡红色文化”等专题思政栏目，传承共产党人的精神谱系。带领学生寻访身边的老党员，深入探寻他们为国家做出的贡献，体会祖国发展的来之不易。深入挖掘典型人物事迹，用图片、文字、视频等方式真实再现和讲述在中国共产党领导下，身边老党员为党为国无私奉献的先进典型事迹，扎实开展“四史”学习教育，创新学习教育方式，引导学生学史增信、学史崇德，提升思想政治教育的实效。

### （二）深学笃用，奏响思政育人“进行曲”

积极开展“学党史、悟思想”读书活动、办实事实践活动、育新人铸魂活动、开新局争先活动，把学习贯彻习近平总书记重要讲话作为党史学习教育的首要任务和根本遵循。灵活运用读、访、唱、研、讲五种学习方式，引导学生读原著、学原文、悟原理，在实践中学党史、悟思想、办实事、开新局，进一步坚定政治信仰。

### （三）靶向发力，奏响文艺“协奏曲”

用文艺涵育社会主义核心价值观具有十分重要作用。任何价值观的培育和践行，都需要精神文化产品与文化氛围的涵养与支持。

文化熏陶，是培育核心价值观的无形手段。高校应积极组织和举办合唱比赛、党史诵读比赛、师生歌咏比赛、红色经典诵读比赛、书法绘画展示等一系列文化艺术活动，以文化艺术为突破口，靶向发力，突出重点，强化对学生的文化艺术熏陶，在学生心中种下真善美的种子。

## 第三节　行为塑造：社会实践活动与思想政治教育相融合

在社会实践这个思政大课堂中，加深大学生对“国家兴亡，匹夫有责”的理解，感受人民群众实现共同富裕后发自内心的喜悦和感恩，体会脱贫攻坚的不易，领会乡村振兴国家战略的伟大意义，与祖国同频共振，坚定要在祖国最需要的地方建功立业的信心，展现新时代青年大学生的责任担当。

### 一、社会实践活动与思想政治教育深度融合的现实意义

#### （一）丰富思想政治教育的内涵

社会实践活动是大学生思想政治教育的重要平台之一，有利于大学生开阔眼界、增长见识、服务国家、回馈社会、磨砺品格、敢于担当、善于作为和增强社会责任感。因此，作为“第一课堂”的有益补充，社会实践活动能为大学生思想政治教育注入新的内涵。

#### （二）获得事半功倍的效果

大学生对社会实践活动能够认同和喜爱与它具有的突出优势密不可分。

第一，这是一个平等交流的舞台。参与社会实践活动不因身份和学习成绩好坏而有所限制，只需要付出真心和时间，保持对活动的专注即可。

第二，这是一个自由交流的轻松场所。这里没有教师的权威言论和理论说教，大学生凭借兴趣和自身需要选择中意的社会实践活动，彼此坦诚相待，自由交流，求同存异，分享新知，收获快乐。

第三，这是一个检验自我成长的地方。大学生在社会实践活动中可以认识社会，结交朋友，发现自己的优点和不足，收获成长的快乐和幸福。

第四，这是一个实践出真知的平台。大学生依据社会的需要和个人的偏好参加形式多样且充满挑战的社会实践活动，能够锻炼能力，提升本领，增长见识。

可见，社会实践活动融入思政教育将获得事半功倍的效果。

## 二、以高质量的社会实践活动拓展实践育人平台

### （一）赋予社会实践活动广阔的应用场景，增强大学生成为社会主义可靠接班人的历史使命认知力

社会实践活动要立足于更加广阔的社会场景，以人民为中心，心系人民、讴歌人民。只有充分领略祖国的大好河山和风土人情，才能体会到家国情怀，认清国家发展的重大历史机遇和面临的各种困难挑战，增强成为中国特色社会主义可靠接班人的历史使命认知力。

开展以环境保护为主题的社会实践活动，倡导绿色文化实践教育。比如，针对 2020 年 12 月颁布的《中华人民共和国长江保护法》（以下简称《长江保护法》），可以引导学生组建《长江保护法》返乡社会实践宣讲团，充分发挥学生的主动性与创造性，鼓励采用情景剧表演、知识宣讲、问卷调查、法律知识问答等多种形式，编印宣传资料，深入位于长江流域的学生家乡开展返乡普法

宣传活动，用简明扼要的语言，深入浅出地讲解群众身边的鲜活事例，使他们充分认识《长江保护法》出台的重大现实意义，不断增强他们保护长江的意识，共同维护长江流域的生态环境，促进长江流域保护常态化。大学生在社会实践中能够不断提升自身理论联系实际的能力，做到学以致用，肩负更多的社会责任，培养艰苦朴素、勤俭节约的绿色消费行为，以实际行动践行习近平总书记的“两山”理论（绿水青山就是金山银山）。

### （二）提供多元化的社会实践活动，提升大学生的社会责任内驱力

“三支一扶”、人口普查等是当下大学生社会实践活动的主要形式，相对比较单一和枯燥，缺乏创新。虽然在这些活动中，大学生的组织协调、团队合作、口头表达等各项能力也会获得提升，但对于担负新时代中华民族伟大复兴重任的青年大学生来说还有很长的路要走，有很多的河要蹚。随着全球经济一体化发展和科技文化竞争越来越激烈，国家和社会对青年大学生综合能力的要求也逐渐提高。因此，高校应尽可能给大学生提供更多的社会实践机会，提升他们的社会责任内驱力。

具体而言，可以结合党史教育和高校实际，开启一堂“行走的思政课”，让学生亲身感受多样化社会实践的魅力。比如：可以组建大学生乡村振兴社会实践团走进当地的特色乡镇，感受社会主义新农村建设的丰硕成果；可以到现代化智慧农业产业园参观和学习；还可以到乡村特色农产品电商直播间现场体验“直播带货”，亲身感受国家科技发展助力乡村振兴的成果，激励学生坚定永远跟党走的信念，将获取的养分化作实践观察的动力，投身于乡村振兴的奋斗之中。

### （三）建立大学生社会实践育人共同体，为思想政治教育注入新的活力

《关于加强和改进新形势下高校思想政治工作的意见》（以下简称《意见》）强调：“要强化社会实践育人，提高实践教学比重，组织师生参加社会实践活

动，完善科教融合、校企联合等协同育人模式，加强实践教学基地建设。”因此，建立高校与政府部门、社会非营利机构、街道社区、公司等社会实务部门联动育人培养机制十分必要。这种机制可以提供多元化实践锻炼平台，推动高校与社会实务部门形成大学生社会实践育人共同体，大力加强创新型、复合型人才培养力度。这一工作机制的建立还为高校与政府等社会实务部门联合建立教学社会实践基地提供了重要的顶层设计，为社会实务部门承担高校大学生人才培养任务提供了重要的机制保障，将有助于提高社会实务部门投身高等教育的积极性，开启大学生社会实践全员育人的新格局。

社会实践活动就是要通过隐性教育功能，潜移默化地将社会主义核心价值观等主流思想植入大学生的脑海，发挥润物细无声的涵育作用，坚定他们担负社会责任的意志力。

## 第四节　平台聚焦：新媒体与思想政治教育相融合

新媒体是科技进步和时代发展的重要产物，特别是在第四次工业革命浪潮冲击下，人工智能时代已经来临。在此背景下，新媒体所具有的强大宣传和渗透功能，正在潜移默化地影响着社会发展和我们每个人的思维方式，这将有助于新时代高校思想政治教育模式的创新。新媒体时代背景下的高校思想政治教育将面临更多的挑战。虽然，新媒体传播的及时性与信息的交互性、主体的个性化与身份的虚拟化、内容的海量性与语境的碎片化等特点为高校思想政治教育开辟了全新的时空场域，有效延伸了师生交流的广度和深度，但也给大学生的思想、学习生活和思政教育等方面带来了不可忽视的影响。

# 一、新媒体的基本内涵及主要特征

## （一）新媒体的基本内涵

新媒体是基于网络技术、数字技术等，通过通信软件和视频播放平台，以流媒体、全媒体形式展现，以互联网为传播手段，以手机、电脑和数字电视等为终端设备，满足用户信息数据获取、交换和传播需求的新兴媒体形态的总称。

## （二）新媒体的主要特征

### 1.传播的及时性与信息的交互性

基于网络技术、数字技术进行信息传输的新媒体具有传统媒体无法比拟的时效性和交互性特征。信息的获取、传递和交换不受时间和空间的限制，具有即时性、平等性、双向性的特点。个人、家庭、政府部门或企业等社会机构通过接入互联网，依托手机、电脑等终端设备和 QQ、微信、微博等即时通信软件，就可以编辑和发送文字信息以及图片、语音或视频文件等流媒体进行双向互动交流。

### 2.主体的个性化与身份的虚拟化

区别于传统媒体传播主体的单一性和受众主体的广泛性、不确定性的特点，在新媒体传播渠道下，信息传播主体的个性化和偏好得到充分的彰显。个体可以通过新媒体平台向特定对象或群体发布带有个性化特征的信息，增加了信息交互的私密性。

在新媒体中，信息传播主体可以隐藏自己的真实身份，以虚拟身份参与网络互动交流，以此避免使用真实身份给自己带来麻烦。新媒体的虚拟化和隐匿性的特征给信息交流双方随时随地自由交流带来了安全的体验感，是新媒体时代信息交互理念和模式重大革新的重要表征。

### 3.内容的海量性与语境的碎片化

因信息传递不受时空和容量等客观因素的限制，新媒体具有传播内容的海量性特点。在新媒体时代，人们可以随时随地自由表达个人的看法，分享自己的喜怒哀乐，由此延伸出新媒体时代互联网交流特有的话语体系（也被称为网络体语言）。这种特有话语体系的生成是新媒体时代个体自由思想和情绪宣泄通过碎片化语境来展示的生动写照。

## 二、新媒体与大学生思想政治教育相融合的实践路径

《意见》指出，要推进高校思想政治工作改革创新，加强互联网思想政治工作载体建设，加强学生互动社区、主题教育网站、专业学术网站和“两微一端”建设，运用大学生喜欢的表达方式开展思想政治教育。

### （一）树立大学生思想政治教育的新理念

高校新媒体工作者应当树立兼容并包、与时俱进的工作理念，以开放的姿态接纳和拥抱新媒体，全面、科学、客观看待新媒体给大学生思想政治教育带来的机遇和挑战，取其精华、去其糟粕，减少新媒体的不利影响，扩大新媒体的辐射力，挖掘其所蕴含的思政教育新动能，把握新媒体与思想政治教育融通发展的新规律。

### （二）构筑大学生思想政治教育的新平台

为切实加强学生思想政治教育工作，提高思想政治教育水平，高校可以构建学校、学院、教师和年级官方微信公众号（或官方 QQ）“四位一体”的网络思想政治工作传播矩阵，坚持宣传“学校、学科、学者、学生”的先进事迹，树立师德师风先进典型。一言以蔽之，高校新媒体平台建设应注重在立好办网之魂、强化能力建设、巩固教育阵地、改进传播方式等方面下功夫，充分发挥

新媒体在提升思政工作质量、构建一体化育人体系方面的重要作用。

## （三）探寻大学生思想政治教育的新方法

### 1.研究高校思想政治教育工作者思想引领的新范式

在传统思想政治教育模式中，高校思想政治教育工作者开展思想政治教育主要围绕两个课堂展开，包括：思政课教师讲授“两课”、形势与政策课等的“第一课堂”；辅导员等学生工作者组织开展党建团建活动以及组织生活会、班会、校园文化活动等的“第二课堂”。

在新媒体格局下，高校思想政治教育工作者思想引领应关注两个转变：

第一，“单一”向“多元”转变。即由传统“两课”理论知识传授的显性教育和舆论引导、活动渗透等隐性教育相结合的“单一”模式转向新媒体网络社区、微信、QQ、短视频等大学生喜闻乐见的信息交互形式，后者能够提供更加丰富多元的思想引领素材和资源，成为思想政治教育主渠道的有益补充。

第二，由“主导”和“灌输”向“引导”和“对话”转变。新媒体时代更强调交流的自由平等，这对传统思想政治教育模式中教师的主导性和权威性产生了较大的冲击。因此，思想政治教育工作者在沿用传统“两课”教育主渠道的基础上要主动占领新媒体阵地，充分利用微信、QQ 等新媒体平台所具有的覆盖面广、点对面、传播即时性的特点，通过文字、图片、语音、视频等方式传播正能量信息，围绕学生关注的热点及时给予有针对性的回复，引导学生认同和践行社会主义核心价值观，用中国梦筑牢大学生的共同思想基础，提高思想政治教育工作的辐射力、吸引力和渗透力。新媒体信息的发布者、传播者与接收者应融为一体，高校思想政治教育工作者与大学生在新媒体互动交流中不必太在意师生的身份界限，师生间的思想交流更多是“对话”式的，是建立在彼此相互尊重、平等交流基础上的相互认同、求同存异，是一个逐渐产生共鸣、达成共识的过程。因此，要从单纯“灌输”和“主导”向“引导”和“对话”的思想政治教育方式转变，引导大学生坚定理想信念、锤炼高尚品格，成为堪当民族复兴大任的合格人才。

2.打造高校思想政治教育工作者全员育人互动平台

高校思想政治教育工作者是加强和改进大学生思想政治教育的重要力量。这支工作队伍主要包括学校学院党政、团委干部、“两课”专业教师和辅导员等。当下，虽然各高校非常重视全员育人，但缺乏持续性和缺少有效的评价机制等导致师生沟通不多，全员育人的美好愿景难以实现。因此，要因事而化、因时而进、因势而新，提高思想政治工作感染力和实效性，构建全员、全方位、全过程育人的体制机制。

具体来讲，首先要树立全员育人共同体意识和设计好“施工图”。大学育人并非只是学工队伍的工作职责，而是需要学校全体教职员工共同担负的职责，高校应树立育人教师标兵，以榜样的力量带动全员主动参与育人活动。其次，要适时出台教师参与全员育人的配套激励政策。高校应在年度绩效考核和教师职务、职称晋升、评优评先等方面给予一定的政策倾斜，为鼓励更多教师参与全员育人提供制度保障。最后，要努力探索建立学校党委行政、学工、团委、教务、工会组织等跨职能部门的育人联席工作机制，推动形成全员育人新格局，打造思想政治教育工作队伍全员育人的互动交流平台。

3.构筑新媒体平台信息传递矩阵，增强网络思想政治教育的张力

高校思想政治教育工作者要充分利用网络快捷、互动性强、覆盖面广的特点，形成多层面、平等的对话与交流机制，有效避免传统思想政治教育只能面对面交流的尴尬，消弭学生心理隔阂，及时把握学生思想动态，有效解决时空等特殊原因导致的无法直接交流等“卡脖子”难题，强化新媒体平台与网络思想政治教育的连接，增强网络思想政治教育的张力。

当下，在开展主题活动和布置学习任务时，可以通过建立网络班级、网络团支部、网络党支部提高沟通效率，脱离传统固定班级的束缚，引导学生发挥自身的主观能动性，组建以兴趣爱好为导向的“网络家园”，进一步增强班级的凝聚力和学生的归属感，为思想政治教育工作者进行隐性思想政治育人开辟新天地。

# 第六章　新时期大学生思想政治教育队伍建设

## 第一节　新时期大学生思想政治教育队伍建设的意义

思想政治教育队伍建设既是高校思想政治教育的基础和保证，也是维护高校稳定和确保大学生健康成长的关键。近年来，许多高校在进行思想政治教育的过程中，对思想政治教育队伍建设的重要性认识不足，思想政治教育队伍中存在思想不稳定、理论水平不高、缺乏责任感、知识和能力难以适应工作的需要等问题，导致思想政治教育工作没能达到预期效果。因此，大学生思想政治教育队伍建设变得比以前更为复杂、更为重要。

### 一、强化思想政治教育队伍建设是促进高校发展的必由之路

高校是社会大系统中的一个子系统，社会上各种思潮都会通过各种途径反映到高校这一思想阵地。部分大学生对信息的识别能力差，审视问题的水平低，很容易受到资产阶级自由化和个人主义思潮的侵蚀。因此，思想政治教育工作者必须提高自身的思想政治素质，自觉抵制资产阶级自由化思潮的侵蚀，加强

对大学生群体的教育与管理，只有这样才能培养出符合党和国家要求的具有先进思想的社会主义建设者和接班人。

思想政治教育工作者为维护高校的改革、发展和稳定作出了重大贡献。一方面，他们能够及时了解大学生的思想状况，帮助大学生树立正确的世界观、人生观和价值观；另一方面，他们又是高校干部队伍的重要组成部分，他们的素质水平能够反映出整个高校干部队伍的素质水平。思想政治教育工作者开展了大量细致、深入的日常工作，使得许多不稳定因素被化解在萌芽状态中，从而维护了高校的稳定，促进了高校的发展。

在新形势下，高校的规模不断扩大，招生数量日渐增多，教育经费日益紧张，大学生的就业压力不断增加，高校出现了一些新问题、新情况。为了适应这些不断出现的新局面，势必需要对高校体制进行一定程度的改革。然而，在改革的过程中必然会产生一系列的矛盾。因此，为了维护高校的稳定和发展，必须加强思想政治教育队伍建设，充分发挥思想政治教育工作者对维护高校稳定局面的重要作用。

## 二、强化思想政治教育队伍建设是改进思想政治教育的前提

思想政治教育队伍建设关系到思想政治教育目标、内容、过程、评估、管理的贯彻落实，关系到思想政治教育工作实效性的提高。研究思想政治教育队伍建设的规律，把握好这支队伍的结构、职能、培养和管理，是全面提高思想政治教育工作者的素质、做好思想政治教育工作的组织保证。

自我国加入世界贸易组织以来，思想政治教育队伍得到发展壮大。总的来说，这支队伍对思想政治教育的发展作出了重要贡献。但同时我们也应该看到，与新形势、新任务的要求相比，思想政治教育工作者在政治业务、素质、层次、数量、结构等方面还存在着一些不相适应的地方，具体表现为以下几个方面：

第一，思想政治理论水平不高，一些思想政治教育工作者对马克思主义基本理论，对经济社会发展的新情况、新问题，对党的最新政策了解得不够；第二，知识结构不合理，一些思想政治教育工作者只满足于传统的教育管理方法，不善于利用新技术开展思想政治教育工作，思想政治教育的时代感、针对性、主动性和有效性不强；第三，工作作风不扎实，一些思想政治教育工作者工作态度不端正，作风虚浮，甚至不安心工作；第四，工作队伍不稳定，一些思想政治教育工作者将从事思想政治教育工作作为走向高校领导岗位的跳板，对高校思想政治教育工作持应付态度。这些问题严重影响了大学生思想政治教育工作的顺利进行。因此，改变思想政治教育队伍现状的任务变得十分紧迫。

当前，大学生思想政治教育工作改革进入攻坚阶段，思想政治教育队伍发展处在关键时期，各种深层次矛盾和问题逐步显现出来，保持高校大局面稳定显得尤为重要。社会上对如何认识我国社会主义发展的历史进程、如何认识我国社会主义改革实践过程对人们思想的影响、如何认识当今国际环境和国际政治斗争对我国产生的影响看法不一。对这些问题的回答事关党和国家的发展与前途命运。

因此，思想政治教育工作者必须具有坚定的共产主义信念和中国特色社会主义共同理想，保持清醒的政治头脑；必须掌握基础理论知识、科学文化知识和思想教育的专业知识，并把这些知识运用到思想政治教育工作中，不断丰富、优化、完善自己的知识结构；必须具有良好的职业道德修养，在教育工作中自觉贯彻党的基本路线，既要勇于探索，又要严谨求实。高校思想政治教育工作者应该理论联系实际，把自己所掌握的一些理论纳入实际工作中去，让学生看到马克思主义的巨大魅力，自觉地抵制西方的个人主义价值观。

## 三、思想政治教育队伍建设关系着高校思想政治教育的成败

首先，改革开放以来，社会主义市场经济体制逐步建立，不仅引起了人们经济生活的重大变化，也引起了人们思想观念和精神面貌的变化。思想政治教育队伍面对新问题、新情况，需要不断加强自身建设，努力提高自身素质。中国共产党的思想政治教育中，始终要把坚定正确的政治方向放在第一位，用马克思列宁主义、毛泽东思想、中国特色社会主义理论体系和党的路线、方针、政策武装人们的头脑，动员和组织人们为实现党的基本路线而奋斗。有无马克思主义的思想政治教育，是社会主义与资本主义相区别的重要标志之一。而只有思想政治教育队伍具有较高的理论水平和政策水平，才有可能在思想政治教育中始终坚持以马克思列宁主义、毛泽东思想、邓小平理论、“三个代表”重要思想、科学发展观以及习近平新时代中国特色社会主义思想为指导思想，并通过思想政治教育工作体现无产阶级和广大人民群众的根本利益与当前利益，真正坚持社会主义、共产主义的正确方向。

其次，思想政治教育工作者是思想政治教育活动的主体，是思想政治教育活动的组织者、策划者、实施者和调节者，在思想政治教育过程中处于主导地位，发挥着主导作用。思想政治教育队伍的素质高、信念坚定、业务精湛，是体现其主导地位、发挥其主导作用的基础。一方面，他们担负着把社会要求输送给受教育者的责任，是社会要求的代表者；另一方面，思想政治教育又有着广泛的社会性，需要各行各业全员参与、齐抓共管。而在这一光荣的事业中，思想政治教育工作者和思想政治教育职能部门承担着主要责任。这就要求加强思想政治教育队伍建设，提高思想政治教育队伍的整体素质。

最后，思想政治教育能否达到预期的效果，其价值能否实现，一要靠真理的力量，二要靠人格的力量。但无论是真理的力量还是人格的力量，都要通过思想政治教育工作者体现出来。一方面，他们所宣传的内容必须符合实际，反

映事物的本质和社会发展的规律，正确而且深刻地体现马克思列宁主义、毛泽东思想、邓小平理论、“三个代表”重要思想和科学发展观以及习近平新时代中国特色社会主义思想的精神实质；另一方面，他们又必须带头实践自己所宣传、提倡的东西，做到言行一致。

在实现社会主义现代化的道路上，思想政治教育工作者要在新的实践中带头转变观念，研究新情况，解决新问题，总结新经验，发现新规律，加强对思想政治教育学科的研究和建设，以便更好地服务经济建设这个中心，主动地适应社会主义市场经济发展的新要求。

## 第二节　新时期大学生思想政治教育队伍建设的目标

2016年12月，习近平总书记在全国高校思想政治工作会议上指出：“做好高校思想政治工作，要因事而化、因时而进、因势而新。”大学生思想政治教育工作者需要与时俱进，不断提高自身素质，进而提高大学生思想政治教育工作的实效性。

### 一、打造一支职业化、专业化的大学生思想政治教育队伍

大学生思想政治教育队伍是大学生思想政治教育工作的组织者、指导者和实施者，是大学生思想政治教育的主体。他们面对的是具有敏锐的思维能力、善于独立思考的大学生。大学阶段是大学生世界观、人生观、价值观等形成的

关键时期。大学生思想政治教育队伍要担负引导大学生树立正确政治观、督促大学生学习、照顾大学生生活、协调大学生人际关系等职责，可谓内容杂、任务重、要求高。思想政治教育工作者如果没有充足的时间和精力，则无法深入了解大学生的思想状况；如果没有丰富的专业知识和技能，则不可能全面分析和准确把握大学生的思想特点；如果没有较高的专业技术水平，则难以让大学生从心理上认同和接受。因此，职业化、专业化是大学生思想政治教育队伍内在的、本质的要求。

## 二、适应新时期大学生思想政治教育的变化

### （一）社会变革与进步对大学生思想的深刻影响

当今社会处于全面进步与深化改革的时期，各种思潮不断涌现，社会主义的政治、文化、意识形态受到全面冲击。特别是西方敌对势力，利用人权、民主、宗教、民族等问题，加紧对我国实施“西化”“分化”的“和平演变”战略图谋，通过多种途径向大学生灌输西方资本主义腐朽的、反动的思想观念和政治观点，造成部分大学生世界观、人生观、价值观扭曲。

同时，我国正处于社会主义市场经济体制逐步完善，政治、经济、科技、教育体制全面改革的关键时期，经济成分多样化，利益主体、利益关系及分配方式多元化，社会不正之风、道德滑坡等问题也不断涌现，对大学生正确世界观、人生观、价值观的形成产生直接影响。

### （二）高等教育及高校内部体制改革对大学生工作的挑战

第一，学分制带来的新问题。学分制是采用统计学分的方式对学生进行管理，当前学分制已经成为各高校教学管理体制改革的必然趋势。其强调的是个性化发展、目标管理以及学制弹性化，减弱考勤与日常的监督，淡化学生年级，但也造成班级松散，学生在活动期间缺乏凝聚力，集体教育功能减弱，学生集

体意识淡化；学生在选课过程中重视数量而忽视质量，目的是获取学分，降低学习要求，或者是一些学生只专注专业学习，而忽视身心素质的提高。

第二，高校后勤社会化带来的问题。高校后勤社会化是计划经济向社会主义市场经济转变在高校的具体体现。学生住宿分散化、生活社会化、活动单位个体化、活动方式自主化是其主要特点。它使原有的年级、班级、宿舍等学生工作阵地成了有名无实的集体组织，失去了上传下达各种信息的载体功能，思想教育及管理中的纽带作用减弱。学生与教师、学校的依附性减弱，个人归属感由实变虚。学生自主性增强，自由度增大，集体观念淡化，自由散漫和生活无规律的不良现象普遍存在。

第三，缴费上学与自主择业的多重压力对学生思想的影响。高额的学费和越来越严峻的就业形势使多数学生尤其是农村学生面临着经济、就业和学习的多重压力，思想负担加重。同时，广大学工队伍在落实学校催费措施时，自然处于既要关心学生生活，帮助解决学生困难，又要催学生缴纳学费的两难境地，难免使学生与学校之间的感情受到一定伤害，影响思想政治教育工作者在学生心目中的形象，进而使工作难度增大。

第四，法制不健全，教育法规体系不完善带来的问题。以《中华人民共和国高等教育法》为代表的有关高等教育的法律法规，实体性和程序性的规范较少，突出表现为学校、教师、学生三者的责任、权利、义务不清楚，三者之间的法律关系不明确。高校权利不明确，责权不相称，面临着有限的权利担负着无限责任的窘境。高校根据人才培养规律和具体教育管理实际制定的有关制度缺少明确的法律依据，使学生管理工作不时陷入被动和无奈的境地。

### （三）大学生群体结构变化带来的挑战

随着高等教育逐渐向大众化和国际化靠拢，各高校在办学主体上也日益多元化，在办学形式和办学层次上更加多样化，学生规模不断扩大，层次不断增多，种类不断丰富，使得学生群体结构逐渐复杂起来。独生子女逐渐成为学生中的主体，也有一些大龄或者已婚青年步入校园，导致学生群体在思想、性格、心理状况上出现较大差异，个人素质也有很多不同。同时，由于学习、经济、就业压力和情感等问题，一些学生出现心理问题，甚至出现心理疾病和精神疾病，这些给学生思想政治教育以及管理工作带来了很多新的问题。

### （四）互联网的负面影响

互联网以其特有的开放性、交互性、快捷性、虚拟性、隐蔽性和超信息量等特点成为大学生的“第二课堂”，而它的负面作用却给大学生带来了不良影响，主要表现为以下几个方面：第一，网络环境的开放性对学生的思想道德和文化意识形态产生了较大的不良影响；第二，交流的隐蔽性导致网络违法行为增多；第三，网络环境的交互性和虚拟性使学生容易沉迷于网络游戏、聊天等，荒废学业；第四，信息的快捷性使学生接受信息的渠道增多，教育者的权威性逐步降低。这些都对传统的思想政治教育内容、手段和方法等提出了严峻的挑战，对思想政治教育工作者的素质提出了更高的要求。

以上这些都要求大学生思想政治教育工作者不断适应新时期大学生思想政治教育的变化，密切把握国际、国内形势，及时、准确掌握大学生的思想动态，深入细致地做好教育、引导工作，防止大学生错误思想和观念的形成，促进大学生健康成长。

## 第三节 新时期大学生思想政治教育队伍建设的途径

大学生思想政治教育队伍是加强和改进大学生思想政治教育的组织保证。提高大学生思想政治教育工作者的素质，是一项艰巨而紧迫的任务。高校要按照中央文件要求真正地把大学生思想政治教育队伍建设落到实处。

## 一、加强科学管理

加强对思想政治教育队伍建设的管理，建立党委统一领导、党政群齐抓共管、相关部门各司其职的大学生思想政治教育队伍管理体制，为大学生思想政治教育工作的开展提供组织保障；建立大学生思想政治教育队伍建设的专门管理机构，由专门的机构制定切实可行的大学生思想政治教育队伍的选拔、引进和任用制度；制定统一的大学生思想政治教育队伍的任职资格标准，不断加强对大学生思想政治教育队伍建设的宏观指导；坚持党对大学生思想政治教育队伍建设的领导地位，关键是要确立党委在大学生思想政治教育工作中的领导核心地位。高校党委是中国共产党在高校中的代表，只有坚持党委的领导地位，才能保证科学发展观在大学生思想政治教育工作中的确切落实，才能保证大学生思想政治教育目标的最终实现。

## 二、提高综合素质

教育是育人的事业，育人应先育己。因此，要全面提升大学生思想政治教育队伍的政治理论素质、职业道德素质和业务素质。

### （一）提高大学生思想政治教育队伍的政治理论素质

只有真正信仰马克思主义，才能讲授马克思主义理论；只有忠于马克思主义，才能传播马克思主义理论。要切实加强大学生思想政治教育队伍建设，就要选拔、培养一批马克思主义信仰坚定、学术科研能力深厚、业务水平高的大学生思想政治教育工作者，确保党的教育方针得到贯彻和落实。要加强大学生思想政治教育队伍的理论学习，使他们树立高度的政治使命感和责任感，进而不断提高大学生思想政治教育队伍的政治理论素质。

### （二）加强大学生思想政治教育队伍的职业道德素质

每一位大学生思想政治教育工作者都要忠于职守、爱岗敬业，忠于党和人民的教育事业，时刻把具有高尚的职业道德作为对自己最重要的要求，并在实践中加以锻炼；强化大学生思想政治教育队伍管理工作的政策导向，把师德作为考核的重要内容和职称评比、职务晋升、奖惩等的重要依据；树立先进典型，广泛宣传模范工作者的先进事迹，并且在师德建设中开展社会主义核心价值观教育活动，提高大学生思想政治教育队伍的整体职业道德水平；严格对大学生思想政治教育工作者的选拔和任用，尤其是辅导员和班主任，使他们成为直接面对大学生宣传社会主义核心价值观的表率。

### （三）提高大学生思想政治教育队伍的业务素质

业务素质的提高是提升大学生思想政治教育队伍整体素质的最重要的环节。为此可以采取以下措施：一是要鼓励骨干人员进修学习。高校要制订计划、创造条件，分期、分批选拔素质好的大学生思想政治教育骨干去攻读思想政治教育专业的硕士、博士研究生。二是要立足校内培训，鼓励他们走出校园开阔视野。高校可以安排定期或不定期、长期或短期的培训，突破进修学习的人数限制。高校还要确保他们可以参加一些学术会议、研讨活动以及教学观摩等，通过走出校园，使他们在实践中了解新的信息，锻炼自己，实现理论与实践的结合。三是开展交流活动，做到共同进步。可以通过校内同事间的交流与合作，发挥有经验人员的传、帮、带作用，促进新员工的赶、学、超意识，达到以老带新、以新促老的目的。还可以通过国内和国际等多种渠道，为大学生思想政治教育工作者提供更为宽广的交流平台，使他们互相学习，以提升大学生思想政治教育队伍的整体素质。

## 三、坚持专兼结合

### （一）建立一支“专业、精干、有效”的专职大学生思想政治教育队伍

专职大学生思想政治教育队伍是对大学生开展思想政治教育的主要力量。这支队伍应该是一支“专业、精干、有效”的队伍。他们能够把握新形势下大学生思想政治教育的基本内容，宣传党的路线、方针、政策，弘扬中华民族的优良传统，宣传我国社会主义现代化建设特别是改革开放以来已取得的巨大成就等，使大学生自觉地坚定共产主义信仰；通过调查分析工作，研究大学生的思想动态和他们关注的焦点、热点问题，通过理想与纪律教育、形势与政策教育、法制教育等有针对性地纠正大学生思想中的错误倾向，做好教育引导工作；通过宣传学校的成就和政策，推进大学生事务的公开化和民主化水平，丰富大学生的课余文化生活，有效地开展思想政治教育工作。

### （二）建立一支“覆盖广、觉悟高、立场坚”的兼职大学生思想政治教育队伍

除了建立一支专职大学生思想政治教育队伍，还应建立一支“覆盖广、觉悟高、立场坚”的兼职大学生思想政治教育队伍。这支队伍中可以有学生辅导员、班主任、青年教师，也可以有思想政治素质较好的学生骨干。他们可以参与交互性活动，以平等身份进行交流，使大学生思想政治教育的正面信息占据主导地位。这其中尤其要充分发挥大学生骨干的作用，因为他们生活在学生之中，最了解当前大学生的兴趣爱好和心理状况等，充分发挥他们的作用可以使思想政治教育工作更加贴近学生实际。因此，建立一支覆盖面广、思想觉悟高、政治立场坚定的兼职大学生思想政治教育队伍同样具有重要的意义。

## 四、优化队伍结构

为了优化大学生思想政治教育队伍结构，高校在选拔大学生思想政治教育工作者时要对其学历、资历、学术经历、年龄、专业等方面结合实际提出具体的要求，同时还要转变以选留本校硕士生、优秀本科生为主的模式，过渡到吸收国内重点院校的硕士生和优秀本科生、向社会公开招聘高水平工作人员等多渠道选拔人才的新模式。

## 五、加强培养规划

大学生思想政治教育队伍的建设，需要其领导机关、领导者把大学生思想政治教育队伍的建设作为高校选用人才、培养人才、发展人才的一项重要策略来看待，并且一定要重视大学生思想政治教育队伍成员的选拔、培养，营造有利于优秀的大学生思想政治教育工作者不断涌现、健康成长、充分发挥作用及合理流动的良好环境，进而充分调动大学生思想政治教育工作者的积极性和创造性。

大学生思想政治教育队伍成员思想不稳定、综合素质不高的一个重要原因就在于，对大学生思想政治教育工作者的“重使用、轻培养”。因此，必须加强对人才培养的规划，全面提高其综合素质。制定大学生思想政治教育队伍成员培养的规划，要严格坚持“专兼结合”的原则，将大学生思想政治教育队伍的培养纳入高校人才培养的整体计划当中，对那些素质好、能力强、有发展潜力的大学生思想政治教育工作者要重点培养。可以有计划、有组织地采取一些措施，如岗前培训、在岗培训、脱产攻读学位，或举办各类学习班、专题讲座等，为大学生思想政治教育队伍成员的学习交流、进修考察和轮岗调研等提供机会，并且要善于利用高校中的党、团组织、网络阵地等，不断培养大学生思想政治教育队伍成员的政治理论素养和业务水平，进而提高他们在教育、管理工作上的水平和能力。

## 六、要健全各项制度

要进一步建立健全大学生思想政治教育队伍的考核制度、选聘制度、培养制度和发展制度等，尤其是考核制度，因为考核是大学生思想政治教育队伍成员素质提高的基础，是高校对大学生思想政治教育队伍进行监督管理的重要手段。建立健全考核制度，就要将考核与职务、职称晋升挂钩，与奖惩挂钩。同时，在建立健全考核制度的基础上，健全其他制度将更能保障大学生思想政治教育队伍建设的合理性，激发大学生思想政治教育工作者的工作热情和积极性，增强他们的责任心，营造一种大学生思想政治教育工作者都能够奋发向上的宏观环境。

## 七、提高思想认识

这里的提高思想认识，既包括大学生思想政治教育队伍成员自身思想认识的提高，也包括大学生思想政治教育队伍的上级管理机关、管理者思想认识的提高。大学生思想政治教育队伍是高校教职工队伍的重要组成部分，他们既是从事大学生思想政治教育、管理、服务工作的重要力量，也是高校中贯彻和落实党的教育方针的重要力量。高校要像重视教学骨干一样重视大学生思想政治教育工作者，像关心教学骨干一样关心大学生思想政治教育工作者的成长，要大胆冲破那些“唯学历”“唯资历”“唯职称”等陈旧观念和体制，最大限度地把大学生思想政治教育工作者的创新能力发挥出来。

# 第七章　不同视域下大学生思想政治教育实践探索

## 第一节　“互联网＋”视域下大学生思想政治教育实践探索

“互联网＋”与思想政治教育的融合催生了高校思想政治教育的新形态。与传统思想政治教育相比，“互联网＋”思想政治教育通过互联网对思想政治教育的教育模式、语言体系、教育载体、互动机制产生巨大影响，致使大学生作为思想政治教育的客体拥有比以往更强的主观选择性。

传统的思想政治教育方法已经跟不上当今时代思想政治教育发展的步伐。高校应抓住传统思想政治教育的短板，抓住思想政治教育与“互联网＋”的黏性结合点开展大学生思想政治教育工作研究，充分提高思想政治教育实效性。

### 一、“互联网＋”视域下大学生思想政治教育概念界定

#### （一）“互联网＋”

互联网是经济发展的孵化器，无处不在的互联网、大数据、云计算引领了各行各业创新驱动发展的“新常态”。“互联网＋”，即“互联网＋各个传统行业”，也就是基于互联网运行架构，利用大数据、云计算、物联网等信息技术

以及搭建的互联网平台，使互联网与传统行业深度交融，创造新的发展形态，推动传统产业转型升级，从而实现社会可利用资源的协同、共享。

## （二）“互联网＋”大学生思想政治教育

在“互联网＋”中，符号“＋”代表着添加与联合。“互联网＋”大学生思想政治教育即通过互联网与大学生思想政治教育的深度融合，碰撞出新形态的火花，形成高校思想政治教育的新趋势。“互联网＋”大学生思想政治教育的内核在于：通过“互联网＋”的自身优势为传统思想政治教育做加法，使传统思想政治教育在原有的基础上“锦上添花”，焕发出新生活力，获得新的增长节点。

每一个社会发展阶段都有一个常态以及发展趋势，“互联网＋”大学生思想政治教育提出之前的常态是全国高校大学生思想政治教育转型升级，后面的发展趋势则是“互联网＋”大学生思想政治教育的“焕新”以及传统思想政治教育的“破与立”。

在“互联网＋”的影响下，传统思想政治教育的教育模式、语言体系、教育载体以及互动机制等都将发生新的变革。传统思想政治教育中的教育主体、教育客体、教育介体、教育环体都将通过互联网发生变革。“互联网＋”的外在衍生物在思想政治教育中的作用从一种简单的教育介体转换成动力源泉，使思想政治教育的传播更加立体化、多元化，也使得教育主体与教育客体的对话交流不再是单向度的传输建构。教育主体的传播角色将会更多地交付于互联网，教育客体的内化效果也将更多地通过“互联网＋”的形式体现。毫无疑问，“互联网＋”大学生思想政治教育必将使高校思想政治教育活起来、强起来，创造出“1＋1＞2”的协同增值效应。探索“互联网＋大学生思想政治教育”不是进行大学生思想政治教育的目的，而是一种提高大学生思想政治教育实效性的手段。

“互联网＋”这一技术改变了人类社会的交往方式，社会成员的交往向隐性化、即时化、弹性化的特点迈进，日常沟通交往的空间平台也由线下实体走向线上虚拟。日常的线上内容汲取同化对思想政治教育工作的影响不容小觑，因此思想政治教育主体应将眼界放宽、放高，要抓住每个社会热点彰显正能量、弘扬主旋律。面对爆发式崛起的互联网空间、井喷式的互联网信息内容，教育主体有必要弥补思想政治教育工作在“线上空间”的不足。

## 二、“互联网＋”视域下大学生思想政治教育工作

2016 年 12 月，习近平总书记在全国高校思想政治工作会议上指出：“要运用新媒体新技术使工作活起来，推动思想政治工作传统优势同信息技术高度融合，增强时代感和吸引力。”运用互联网新技术创新高校思想政治工作，使“互联网＋”技术成为大学生思想政治教育工作的主引擎，是当前高校思想政治教育工作面临的任务和挑战。

“互联网＋”的重要特质是时刻创新、时刻变革，创新是“互联网＋”的内层驱动力。“互联网＋”为大学生思想政治教育工作带来转折点，它不仅是互联网这一技术本身带来的思想政治教育创新，还是现今“互联网＋”社会发展到“云时代”的逻辑使然。高校思想政治教育工作者必须抓住信息化发展的历史机遇，依靠大数据、云计算等技术打造思想政治教育自身的“中央厨房”，按照“以学生为中心、以体验为核心”的理念，为学生提供“满汉全席式的信息自助餐”，让大学生受众去自主选择，满足大学生个性化需求。同时，高校思想政治教育工作者还可以利用“互联网＋”自身所具有的“万物互容”的特质，改变严肃古板的文风，与大学生受众平等对话，通过创新思想政治教育模式、思想政治教育语言体系、思想政治教育载体、思想政治教育互动机制，真正让高校思想政治工作强起来、活起来。

### （一）创新思想政治教育模式——共建共享

共建共享是指基于互联网本身的创新性、数字性、动态性、开放性等特征，采用大数据、云共享等技术，以创建智慧高校思想政治教育基地为契机，建立一个拥有“大思政”概念的云共享数据库，将现今优秀的思想政治教育理论课，受广大师生喜爱的思想政治视频、音频，以及符合当下社会发展潮流的先进的思想政治教育理论都存于此云共享数据库中，使大家共同享有思想政治教育领域的新方法、新成果、新视角、新观点。共同建设是前提，是基础；共同享有是目的，是落脚点。打造“共建共享”因材施教型大学生思想政治教育平台，有助于形成“随时思政、随地思政”的局面。

共建共享的云共享数据库并不是思想政治知识热点的杂乱堆积，而是利用“互联网＋”中的用户数据模型分析再现出教育客体的立体需求。教育主体通过“互联网＋”下的大数据手段实现对教育客体思想政治教育资源的精准投放。共建共享使得优秀教育资源不再专属于个体，各个高校思想政治教育的优秀师资资源、优秀在线网络课堂资源使有兴趣的教育客体不再受限于外在的客观条件，皆可成为选择者。这一举措将会全面满足大学生对思想政治教育新知识的渴求。在共建中共享、在共享中共建，是对思想政治教育的丰富和发展，二者相辅相成，相得益彰，缺一不可。当前最直接的表现是慕课、混合式教学、翻转课堂等基于网络技术的新型教育方法和平台在“互联网＋”思想政治教育中的运用。例如，上海交通大学于 2016 年通过共建思想政治理论课的信息化平台，将校内外教师任教的“马克思主义基本原理”“思想政治道德与修养”等思想政治理论课程的丰富在线网络课堂资源投入其中，建立网络平台。上海交通大学共建网络平台及共享资源改变了传统思想政治教育单一的模式，创造了思想政治教育课堂主渠道的新样态，将思想政治理论课搬到不受时空限制的网络课堂教学平台，实现“课前网上预习，课后及时练习，随时随地复习”等混合式教学模式，辅助课堂教学。2017 年，复旦大学积极举办了以“思政大讲堂”为主题的“精彩一课”活动。该活动通过邀请复旦大学马克思主义学院的知名专家教授结合时事热点录制思政讲堂，将各位专家教授的思政“精彩一课”置于共建的“思政大讲堂”平台内，供大学生随时随地共享思政知识。此项活动一经推出就获得了广大师生的一致好评。专家教授作为思想政治教育主体，在此项活动中不仅拓展了传播思政知识的途径，还使得大学生作为教育客体能够超越时空限制去接受思政知识。

## （二）创新思想政治教育语言体系——共言共传

共言共传是指基于共通的语言交流形态，共同传播思想政治教育思想。互联网催生出网络语言，“互联网＋”不仅改变了人际语言交流形态，语言传播形态也随之发生改变。共言是基础，只有教育主客体双方拥有相通的语言形态才能共言；共传是目的，只有教育主客体双方认可的且拥有交互性的网络形态才能共传。

“互联网＋大学生思想政治教育语言”的传播形态代表一种新的文化形态，即充分发挥互联网语言在大学生思想政治教育传播中的作用，利用网络语言的丰富多样、简单易懂、生动诙谐，增强“互联网＋”大学生思想政治教育语言影响力。例如，在学习和宣传贯彻习近平新时代中国特色社会主义思想时，将思想内容以现今大学生喜爱的网络说唱语言表达出来，主题内容串成朗朗上口的唱词在网络媒体上进行传播，拉近和学生之间的距离，引发情感共鸣，发挥“互联网＋”矩阵“一点触发、全网联动”的优势，最大限度地覆盖大学生群体。同时，还可以利用“两微一端”作为传播载体，将党的二十大报告通过新型 H5 视频、漫画、音乐等大学生易于接受和喜爱的互联网流行语言的方式表达出来，将思想政治教育内容置于大学生接受并喜爱的语境里，使思想政治教育润泽大学生的思想和内心，完成对大学生心灵的唤醒。

## （三）创新思想政治教育载体——互联互通

传统思想政治教育的载体大部分都是一成不变的高政治性。严肃刻板的传统思想政治教育载体根本无法满足当代大学生对于思想政治教育载体高体验性的强烈诉求。在移动互联的时代，教育主体无法简单依靠命令式言语或要求教育客体仅仅通过收听收看单向度传播的信息完成思想政治教育任务。创新思想政治教育载体是开展“互联网＋”大学生思想政治教育的根本。大学生思想的变化是各种因素相互作用的结果，因此互联网本身的复杂性、开放性、感染性使得思想政治教育载体也需要“联动、反映、创新”。

互联互通是指充分利用“互联网＋”这一载体，实现教育主体与教育客体思想上的相互碰撞、相互连通。最大限度地发挥“互联网＋”的交互作用，可以使思想政治教育工作无时不在、无处不有，达到“润物细无声”的最高境界，助力于构建“大思政”的蓝图。要创新思想政治教育载体，实现互联互通，就需要通过建立关于大学生个人的移动云端数据库和使用大数据网络信息，塑造出网络思政世界中立体多维的大学生数据化表征，通过分析大学生的学习行为及学习需求，逐步构建“学生多维画像”的思想政治教育大数据模型，实现“数字思政”的万物互联状态。教育主体要利用“互联网＋”充分激发教育客体的主观能动性。教育客体在虚拟网络的推动下，“自我”与“个性”的概念被前所未有地放大。因此，互联互通的思想政治教育载体要充分体现大学生的需求，通过挖掘大学生心理接受点，激发大学生的主体意识，使其积极参与到教育活动中。

创新互联互通的思想政治教育载体可以从以下方面入手：一是高校可以开辟自成一体的思想政治教育类移动客户端——“思政之声”，用以提高大学生用户黏性。在此客户端内可邀请知名的思政学者、专家入驻与大学生进行思政知识交流、思政学习经验传输。二是在微信载体上开设“学习路上”或在官方微信公众号开设“思政学习”栏目。三是依托“互联网＋”打造“微视频”“微大赛”“微专栏”等三微品牌，开展以“新时代互联互通，新思想入脑入心”为主题的系列活动。互联互通的思想政治教育载体不仅使高校思政工作更加贴近实际，还提高了思想政治教育工作的科学化水平，让大学生通过感知思想政治教育载体与“互联网＋”的亲密融合，在新型思想政治教育载体中发现思想政治教育的“新花园”。

例如，2017 年，武汉大学通过网上问卷调查的形式对本校大学生进行了以“你最喜欢的思想政治教育方式”为主题的在线调查。通过对问卷调查的数据分析发现：92.7%的大学生相比以往传统思想政治教育载体更加喜爱与互联网相结合的思想政治教育路径。因此，武汉大学利用现今互联网的直播载体，尝试做了一期名为“青春标兵”的主题宣讲会在线直播，大数据显示实时观看人数达到 70.6 万人次，点赞人数 109 万，充分发挥了榜样的示范作用和“互联网＋”的传播效应，实现了思想政治教育效果的最优化。

## （四）创新思想政治教育互动机制——同向同行

传统思想政治教育形态下仅仅依靠单一的线下互动机制不能完全激发教育主体的教育热情和教育客体学习新知识的积极性。新时代对高校思想政治工作者提出了更高要求。高校思想政治教育工作者需要研究把握互联网时代高校思想政治工作的特点和规律，创新教育主体和教育客体之间的互动机制，推动思想政治工作传统优势与网络技术深度融合。

同向同行是指通过互联网线上贯彻“同向”思想，推动线下“同行”实践，实现教育主体与教育客体线上线下在思想上、目标上、行动上同向同行。要建立创新“互联网＋”思想政治教育互动机制，实现同向同行，就要着眼于线上“互联网＋”与线下思想政治理论课纵向衔接，即紧密推进高校思想政治理论课建设，坚持把有效衔接、分层实施、循序渐进、整体推进作为根本要求，在进行“互联网＋”技术与思想政治理论课程内容的纵向衔接上下功夫。此外，还要致力于线上思想政治理论课与线上“互联网＋”的网络空间“横向贯通”，即将思想政治理论课与“互联网＋”的网络空间之间的对话屏障打通，充分发挥“互联网＋”线上的网络空间的主渠道作用，提升思想政治理论课的网络教育内涵。

在“互联网＋”思想政治教育工作中，首先，教育主体要主动参与思想政治教育大平台的建设，积极对教育客体在平台上的一系列问题给予及时、正面的解决和引导，以进行线上线下的体验交互型互动。线上的网络思想政治教育社交平台促进了师生、生生之间的沟通与交流，增强了对大学生的吸引力和感染力；线下的实践实现了理论向实践的转化，加速了大学生个体本能行为的外化。其次，教育主体要利用“互联网＋”平台与教育客体保持互相关注的互动连接，同时融入教育客体的互联网“圈子”中。教育主体通过平台不定时地推送正能量的教育信息，做到线上线下同向同行、交相辉映，促进思想政治教育工作传统优势与互联网融合。例如，西南大学于 2018 年五一劳动节开展了“寻找身边最美丽的劳动者”活动。为了充分利用榜样引导大学生践行社会主义核心价值观，西南大学在全校掀起了学习优秀劳动典型的热潮。一方面，思想政治理论课教师积极在线下课堂上向大学生宣传“最美丽劳动者”的优秀事迹；另一方面，辅导员在线上通过微信公众号和班级 QQ 群推送“最美丽劳动者”的优秀案例，并在线上组织学生热烈讨论。西南大学通过同向同行的思想政治教育互动机制，实现了榜样教育效果的最优化。

## 三、“互联网＋”视域下大学生思想政治教育工作需注意的问题

### （一）结合时代发展特色和尊重思想政治教育自身发展规律并重

事情的发展往往具有两面性，在探索“互联网＋”时代下大学生思想政治教育创新的同时，要避免陷入行为主义的怪圈。传统的思想政治教育工作单纯地加上互联网这一新兴载体，并不能实现大学生思想政治教育的转型与腾飞。极端的行为主义往往会导致大家对新生事物过于重视反而忽略事物发展的内在规律。部分教育主体只是将互联网作为一种传播交流工具，从实践技术层面进行探讨研究，将思想政治教育工作生搬硬套地嫁接在“互联网＋”的载体平

台上，忽视“互联网＋”思想政治教育工作本身的内在关系，使得思想政治教育工作呈现出“营养不良”的面貌。

完整的思想政治教育链条包括教育主体、教育客体、教育介体、教育环体。“互联网＋”视域下的大学生思想政治教育重塑了教育主体与教育客体间的认知关系，为思想政治教育工作的发展带来新的增长点。在“互联网＋”大学生思想政治教育信息资源高效共享的过程中，在思想政治教育“线上”与“线下”融合的过程中，必须重视思想政治教育自身的发展规律：一是人的思想品德是在社会实践基础上主客体因素相互作用、相互协调的产物；二是人的思想品德是主体内在思想矛盾运动转化的结果。只有做到因事而化、因时而进、因势而新，在充分运用“互联网＋”的基础上尊重思想政治教育自身的规律，才能利用多方合力，勾勒出一幅优秀的大学生画像。

### （二）“互联网＋”思想政治教育与传统思想政治教育并不互斥

互联网这一新兴技术使思想政治教育不再是一项单纯的“教与学”活动。“互联网＋”重新定义了思想政治教育的教育模式、语言体系、教育载体、互动机制等，思想政治教育通过“互联网＋”对大学生产生了潜移默化的影响。

“互联网＋”思想政治教育与传统思想政治教育之间并不是互斥的关系。结合时代特色，我们大力进行“互联网＋”大学生思想政治教育创新探索并不意味着全盘否定传统的思想政治教育。传统思想政治教育经过几十年的探索积累了丰富的经验，根基相当牢固。传统的思想政治教育强调：教育要求与教育客体思想品德之间要保持适度张力；教育与自我教育要相统一；要协调与控制各种影响因素使之同向发挥作用。当“互联网＋”与传统思想政治教育互相融合时，二者在矛盾的碰撞下究竟是顺利互融，还是产生排异反应，主要取决于教育主体的技术水平。教育主体自身既要具有扎实的传统思想政治教育理论基础，又要掌握并运用“互联网＋”新兴技术开展工作。只有将传统思想政治教育与“互联网＋”这一新兴技术实现无缝融合衔接，才能使思想政治教育在“互联网＋”时代焕发出新的活力。

## 第二节　全媒体视域下大学生思想政治教育实践探索

随着新兴科学技术的发展和媒介变革的推进，一个“万物皆媒”的全媒体时代已经到来。党的十八大以来，党中央、国务院先后出台了一系列文件、政策要求推动思想政治工作，将传统优势与信息技术高度融合。大学生思想政治教育工作应遵循指导方向和要求，结合“00后”大学生的特点，在当代全媒体视域下，重点通过对不同媒体载体的比较，对大学生思想政治教育的创新性应用进行研究分析。

### 一、全媒体的时代发展

在人类文明的进程中，媒介的变革发展经历了四个阶段，即从文字、印刷、电信技术到互联网。传播学者马歇尔·麦克卢汉（Marshall McLuhan）曾预言：“媒介是人体的延伸。”“媒介即讯息。”当今，媒介技术的变革发展正让这个预言成为现实。据中国互联网络信息中心统计，截至 2021 年 6 月，我国手机网民规模为 10.07 亿，较 2020 年 12 月新增手机网民 2 092 万，在网民规模中占比 99.6%，接近 100%。手机已成为我们人体器官的重要延伸。以手机为代表的移动媒体因其便携性、实时性、交互性等特征，已成为人们非常依赖的信息获取主渠道。

全媒体时代，移动终端和手机媒体的迅速发展对人们工作、学习、生活都产生了重要的影响，在这样的背景下，高校教育、教学领域面临很大挑战，大学生普遍拥有手机、笔记本电脑等设备，新兴媒体被大学生广泛应用，同时也影响着他们的思维方式和价值理念。大学生思想政治教育如何进行改革创新，提高思想政治教育的针对性、时效性，是一个需要认真研究的课题。

## 二、全媒体视域下大学生思想政治教育工作的新特点

### （一）教育对象受新媒体影响很大

目前，在高校大学生群体中，“00 后”已经成为主力军。据统计，在我国网民群体中，学生最多，占比为 26.9%，而受过专科及以上教育的网民群体占比为 19.5%。可见，作为高校思想政治教育的对象，“00 后”大学生群体已经成为新媒体的主要受众。大学生在学习过程中，可以运用新媒体丰富的载体进行自主学习，如公众号、短视频、微电影、网络直播、在线答疑等方式，打破了传统学习的地域和时间限制，大大提高了学习的效率和质量，也增加了学习的趣味性和主动性。在日常生活中，大学生可以通过微博、微信、QQ 等网络社交平台，扩大交友范围，拉近彼此距离，方便快捷地建立起自己的朋友圈。同时，大学生还可以熟练掌握各类生活服务类 App（应用程序）的使用，让他们能够更好地掌握各种生活信息和技能，享受快速便捷的生活服务，这也让大学生更加依赖新媒体技术的运用。此外，大学生的眼界开阔、思维活跃，对很多问题更加包容，接纳度较高。

### （二）思想政治教育形式多样化发展

在全媒体时代，教育者和受教育者之间信息来源的重合性、吻合度越来越高，这就对教育者的能力素养提出了更高要求。高校思想政治教育工作应该充

分运用全媒体创新表达方式，丰富教育形式和内容，推动高校思想政治教育改革创新。随着5G、虚拟现实（Virtual Reality, VR）、增强现实（Augmented Reality, AR）等技术日趋成熟，思政课教师要灵活运用这些新媒体技术，积极发挥“两微一端”新兴媒介平台的作用，将传统媒体中的文字、图片和新兴媒体中的动画、影像、声音充分结合，用好、用活新媒体这个大舞台、大课堂，可以通过开设微博、微信公众号等方式，用文字、图片、视频等多渠道、多角度展现中国风貌，弘扬中国精神，讲述中国故事，采用学生喜闻乐见的表达方式满足学生的多元化需求。同时，思政课教师还可以通过网课、在线互动答疑等形式，采用线上、线下并行的教育模式，做到因时而进、因势而新，在大学生思想指导、价值引领等多方面充分发挥作用，实现思想政治教育与大学生全面发展的有机融合。

### （三）思想政治教育更加精准化

全媒体时代是大技术、大数据时代。在高校思想政治教育领域，大数据的一个重要价值在于通过对海量信息的收集分析，掌握学生对思想政治教育形式、内容的认可程度，洞悉学生关注的热点问题，了解思想政治教育中存在的不足和努力方向，从而把准脉搏，实现思想政治教育的精准化。全媒体时代，大学生关注的网络热点问题背后，可能隐藏其思想上的困惑、学习中的烦恼、生活里的忧虑。大学生思想政治教育应该根据学生的性格、特征，为学生答疑解惑，教学生明辨是非，从大面积“漫灌”转向精准化“滴灌”，从单向式输入转向双向式互动，有效提升教育质量和效果。

## 三、目前全媒体视域下大学生思想政治教育工作存在的问题

### （一）全媒体时代信息传播的特点增加了大学生思想政治教育工作的难度

全媒体时代，微博、微信、QQ 等新兴传播平台，让信息的发送与接收都极其迅速，也使不同身份、不同职业的人都可以表达自我、各抒己见，人人都得到了均等的话语权。一方面，大学生是网民群体中占比最大的群体，且对于新媒体技术掌握快速、应用熟练，其获取信息更加迅速、广泛。另一方面，这些海量信息良莠不齐、鱼龙混杂，大学生尚未形成稳定的“三观”，自我约束和管理能力较差，猎奇心强，对不良信息缺乏足够的辨识能力，很容易被不良信息所诱导，迷失自我甚至助推不良信息的传播，引起负面舆情产生、升级，这就大大增加了大学生思想政治教育工作的难度。

### （二）全媒体时代传统的大学生思想政治教育机制受到冲击

#### 1.旧有思想政治教育理念亟须革新

旧有的思想政治教育理念认为大学生思想政治教育工作主要是通过思想政治理论课的课堂教学完成，是特定施教者的任务。而全媒体时代的到来，让高校教育工作者逐步认识到，大学生思想政治教育工作必须与时俱进，高校应建立全员、全过程、全方位的育人格局，完善相关制度，促进师生广泛参与，教师要利用互联网和新媒体技术，实现精准教育。

#### 2.传统思想政治教育模式有待更新

传统的思想政治教育模式是以施教者为主导，学生被动接受的模式，这种一味灌输式的教育模式达不到良好的教育效果。孔子主张“启发诱导反思”“学思结合”，陶行知提出“为教而学”，苏格拉底倡导“教育不是灌输，而是点燃

火焰”等，启示大学生思想政治教育工作者要更新传统的思想政治教育模式，引导学生自主思考、探究学习，调动其积极性。

### （三）全媒体时代，思想政治教育工作者的权威性被削弱

在传统的思想政治教育工作中，高校思想政治教育工作者因为掌握较为丰富的信息资源而拥有很高的权威性和话语权。全媒体时代的到来，使海量信息得以共享，高校思想政治教育工作者和大学生拥有共同的信息环境，大学生获取信息和知识的渠道变得多样化，且可以自主地搜索所需要的信息，甚至会出现高校思想政治教育工作者所掌握的信息晚于或少于大学生的现象，导致高校思想政治教育工作者原有的信息优势受到冲击且权威性和话语权被削弱。

## 四、全媒体视域下大学生思想政治教育创新性应用路径探析

全媒体是一个“融合式”的概念，高校思想政治教育工作者必须注重对全媒体时代不同种类载体的比较研究，只有这样才能形成全媒体视域下“00后”大学生思想政治教育的“组合拳”。此外，高校思想政治教育工作者还要通过加强高校网络文化环境监管力度，使这套“组合拳”打得稳、准、狠，切实增强大学生思想政治教育的实效性。全媒体载体的比较研究可分为纵向和横向两个方面。纵向比较法主要对全媒体时代不同时间出现的载体种类进行比较研究，横向比较法主要对不同主体的媒体种类进行比较研究。

### （一）纵向比较法

以时间为纵轴，按照出现的先后可将媒体划分为传统媒体和新媒体。

传统媒体指传统的大众传播，目前在我国的主要存在形态有：报纸、图书、

杂志、广播、电视等。新媒体是一个相对于传统媒体的概念，一般认为新媒体就是指继报纸、电台、电视台等信息载体之后在新的技术支撑体系下出现的媒体形态。传统媒体和新媒体各有优势和不足，在大学生思想政治教育中要发挥两种媒体的优势，相互促进，共同为提升思想政治教育的质量和效果服务。在全媒体时代，传统媒体最核心的优势之一是内容生产力。在新媒体环境下，存在大量的垃圾信息，混淆受众视听，让受众难以准确获取有效信息。与新媒体相比，传统媒体虽然在信息发布、传播、更新的及时性方面有所不及，但是传统媒体在新闻报道的前期会投入大量的人力、物力和精力进行采访、调研，对信息内容进行深度挖掘，做出全面深刻的报道，因此信息传播的公信力和质量都很高。新媒体对新闻事实的陈述相对更加的碎片化，词语表达也更加亲切且娱乐化，在一定程度上缺乏深刻性、严谨性和权威性。在这一点上，新媒体与传统媒体具有的深度、广度、高度是不可比拟的。但是传统媒体在思想政治教育领域也存在着许多不足，在内容严谨、深刻的同时，语气较为生硬，篇幅过于冗长，受众特别是大学生群体很难有耐心将新闻报道全部看完，起不到宣传引导的作用。而新媒体在进行思想政治教育中，则拥有丰富的形式和多种渠道，如短视频、微电影、小游戏等，不但趣味性和互动性强，可以吸引大学生积极参与进来，而且能够满足大学生利用碎片时间获取信息知识的要求，在潜移默化中进行思想政治教育。

高校思想政治教育工作者，应该将两者融合运用后再开展大学生思想政治教育工作。一方面，高校思想政治教育工作者应提高对新媒体的重视程度，积极参加学习培训提升信息素养，充分利用新媒体碎片化、传播快速、互动性强等特点，挖掘网络上思想政治教育资源中的“精品”资源。高校思想政治教育工作者可以在思想政治教育的主阵地——思政课堂上，根据学生的学情，针对学生的需求和兴趣点，有效运用新媒体技术，通过图片、音频、视频“三位一体”的方式吸引学生的注意力，提升课堂参与度；同时构建“线上线下协同”育人模式，通过线上教育、线下教育促进思想政治教育理论与实践的结合发展，提升思想政治教育效果。另一方面，高校思想政治教育工作者要利用传统媒体的优势，在课堂上对学生通过新媒体技术获取的信息进行补充讲解，并为学生挑选一些适合其观看、阅读的电视节目、报刊、书籍等，作为课后补充内容自行学习，同时还可以通过课堂内交流讨论的形式，对学习效果进行检验。对于电视新闻、节目、报刊书籍中的精彩片段、篇章，高校思想政治教育工作者可结合理论知识点，带着学生在课堂上进行学习研讨，利用传统媒体报道的严谨性、权威性帮助学生全面、深刻理解新闻信息的内涵和意义，进而提高大学生过滤不良信息的能力，以及价值判断和价值选择的能力。

### （二）横向比较法

从媒介主体来分，可以将媒体分为官方媒体、自媒体和校园媒体。官方媒体是由政府部门创办的媒体，主要用于宣传党和政府的方针政策，传播社会主义核心价值观，如人民日报客户端、央视影音、央视频、新华社发布等平台型客户端。它具有专用、权威、公开等性质，是官方监督与纠正不良现象、协调社会关系、传承文化、提供娱乐、引导大众、传播资讯的重要渠道。自媒体是由普通大众以自我为主体进行创作的媒体，通过网络开通微信公众号、微博、抖音、头条以及其他平台向外发布他们本身的观点、事实和新闻的传播方式。校园媒体中的“校园”特指高等教育院校，各高校及相关机构和社团开辟微信公众号、微博、抖音、头条等新媒体阵地，宣传校园生活，传播校园主流文化，深化专业知识教育与人文素质教育。校园媒体只是存在于大学校园中，因此不管是宣传还是接受人群都只是在大学生之间。

高校思想政治教育工作者要重视官方媒体的主流、引领作用。官方媒体是党的政策声音的贯彻者、宣传者，也是社会正确舆论的引导者、凝聚者，所报道的信息准确可信、全面深刻，高校思想政治教育工作者要充分利用这些具有权威性的信息，作为教育教学资源，用主流意识形态引领青年大学生健康成长。自媒体在信息内容、议题设置、话语方式等方面与官方媒体存在着较大的差异，自媒体的内容表达更加自由，篇幅较短，呈现的形式也丰富多样，具有更强的交互性，符合大众特别是大学生对直观、简短、富有趣味性信息的需求。高校思想政治教育工作者应该创新教育教学手段，紧跟时代潮流，使大学生思想政治教育工作充满活力。校园媒体受众对象为校园内的大学生群体，针对性强，反映了在校大学生的想法和观点，贴近生活，能给予学生正确的指导，取得了良好的运行效果。这也成为拓宽思政教育形式和内容的重要阵地，高校思想政治教育工作者要紧紧抓住这块阵地，立足本校实际，吸引学生广泛参与，扩大影响力，从而打造独具特色的思想政治教育品牌。在校园平台运行的过程中，高校思想政治教育工作者要着力提高运行团队中学生理论素养的修炼，制作高水平的网络推文，并将其作为思想政治教育的“传声筒”，构建和谐校园文化，弘扬主旋律，把大学生培养成中国特色社会主义的合格建设者和可靠接班人。

### （三）加强对高校网络文化环境的监管力度

全媒体时代，要想有效避免各种不确定性所带来的对大学生的影响，创造健康和谐的校园文化环境，就需要加强对高校网络文化环境的监管力度。高校要建立全面、完备的网络监管制度，由校领导牵头，全员参与，加强宣传，号召学生也加入网络环境监管的队伍中来，充分调动广大师生的积极性，提高他们的责任意识，使其主动投身到校园网络文化环境的建设中，互相促进，形成合力。同时，高校还要着力构建绿色健康的校园网络平台，通过电子报刊、线上教学资源、微博和微信公众号、学生社团等渠道，打造高品质、正能量的校园网络文化阵地，形成健康有序、积极向上的校园网络文化氛围，实现立德树人，培养全面发展的时代新人的教育目标。

大学生正处于“拔节孕穗”期，是接过历史接力棒的主力军，高校思想政治教育工作已经成为实现我国新时代可持续发展的重要保障。高校思想政治教育工作者要结合“00 后”大学生的特点，加强对传统媒体和新媒体的比较研究，发挥两者的优势，提升信息素养，充分运用新媒体技术，整合教育资源，加强监管，在全员育人、全程育人、全方位育人的格局下为党和国家培养德才兼备的高素质人才。

# 第三节　德育生态视域下大学生思想政治教育实践探索

大学生思想政治教育既是我国高校的特色，也是立足中国大地办学的优势所在，强调诸要素共同参与、协同作用、动态平衡的德育生态研究为彰显高校特色、体现办学优势创造了新思路。从找准关键点到把握契合点，从紧抓着力点，到探寻突破点，德育生态为探析大学生思想政治教育工作开启了新视角，也为大学生思想政治教育提供了新方法。

## 一、德育生态的价值意蕴

德育生态的基本概念源自生态学的兴起、发展和普遍运用。“生态”一词源于古希腊语，原意指“栖息地”或“住所”，是主体生命的各种基本要素的有机关联和良性互动而形成的生命状态，它强调生物之间、生物与有机及无机环境之间的相互关联。随着人类社会经济活动范畴的深度和广度不断拓展，人与自然的矛盾冲突日益加剧，人类社会与环境之间的相适性、系统性关系研究被摆在更加重要的位置。生态学作为研究系统性问题范畴的一门交叉性学科，重在关注“生命状态中各因素的有机联系和协调发展，借以达到事物动态平衡的可持续发展状态”。1976 年，美国教育史学家劳伦斯·克雷明（Lawrence A. Cremin）在其著作《公共教育》中第一次提出了“教育生态学”的思想，从此生态学的理论开始延伸到教育学领域。当人们把德育工作作为生态学的研究对象进行分析研究时，德育生态便应运而生。德育生态主要研究如何根据德育工作的规律来促进各要素的良性互动，从新的理论层面重新审视德育的环境要素，讲究在特定环境之下德育各个要素之间的相互关联、相互依存、相互匹配和相互作用的内在关系。

作为现代德育方法论的创新发展，德育生态理论是生态哲学世界观运用到德育实践工作中的成果表现。在德育生态视域下，大学生思想政治教育在实践中产生的各类现实困境能够得到全新的解决思路，同时推动高校紧扣社会现实，跟上时代发展步伐，寻求更为全面、系统的教育引领指南。在高校这一特定的教育环境中，其中的个体或事物都被纳入德育大环境之中，各自以潜在的或是显性的存在方式，在不同程度上辐射出德育的价值引力，形成了一个基于高校物质条件、行为活动、制度规范和历史文化的德育系统。因此，构建高校德育生态系统具有重要的理论意义与实践价值。

德育生态有机地将生态学原理渗透到大学生思想政治教育中，用人与自然协调发展的理论来思考和认识高校德育问题，在遵循教育规律和学生成长规律的基础上，把握思想政治工作规律，凸显出德育各要素之间协调共进和可持续发展的理论实质。作为社会生态的一种形式，德育生态在涉及自然性、社会性和经济性的同时，主要展现了其在社会性方面的侧重点，即社会关系。这种关系强调了德育要素的系统性结构和互补性功能，并通过与外在环境系统之间的互动互联而产生社会性影响，能够帮助高校教育者以生态哲学的方法论观点为理论基础，借助全面、联动、系统的理论分析，建立适用于高校德育生态的理论体系。

在德育生态视域下，高校思想政治工作作为一个以价值引领、信念养成、人才培养为基础的综合环境，在各个要素的相互作用之下，形成了一种具有综合结构的存在状态。德育生态为大学生思想政治教育的有效开展提供了系统且科学的理论基础，在此框架中，大学生思想政治教育工作的建构基石由内部教育因素和外部环境因素构成。在内部因素范畴，占据主导地位的是包含教育对象、教育主体、教育方式、内容载体等因子的过程因素和蕴含理念决策、目标导向、条件保障等因子的评价因素；在外部因素范畴，社会环境和家庭环境分别为高校思想政治生态提供了能量、物质和信息，并最终以育人成效的形式反馈到整体环境当中。内外部因素通过思想交流、情感联通、信息传达相互影响，在动态平衡中构建大学生思想政治教育的理论体系，并从创新工作内容、拓展工作载体、升级互动机制等方面凸显启示意义。

## 二、德育生态与高校思想政治教育的关联分析

在现代德育方法论的理论视野中，德育生态是其理论体系的重要创新发展，是思考德育工作的新理念，也是生态学世界观运用到德育现实工作中的优化体现。德育生态被人们广泛接受，并在分析、解决现实教育问题中发挥着积极的作用。新时代高校德育工作更加重视“培养什么样的人、如何培养人以及为谁培养人”这个根本目标导向，更加聚焦“培养担当民族复兴大任的时代新人”这一任务要求，是涵盖社会、政府、高校、家庭“四位一体”的战略工程，也是凝聚学校各职能部门、全体教师的一项长期性任务，兼具整体性、育人性、动态性和协同性的大学生思想政治教育与强调整体观、人本观、动态平衡观和可持续发展观的德育生态能够在高校的教育环境中形成有效关联，为二者的结合与创新奠定理论与实践基础。

德育生态视域为破解高校思想政治教育工作面临的现实困境提供了重要的哲学思维方法。高校应关注诸要素之间的动态平衡和协调运转，着眼于施教者、受教者、教育内容与形式、教育组织与环境等要素的优化配置。一是促进“全员育人”理念落地，推进理念思路、内容形式、方法手段创新，有效遵循教育规律、思想政治工作规律、学生成长规律。二是大力推进“全程参与”机制方式，形成“教书育人、科研育人、实践育人、管理育人、服务育人、文化育人、组织育人”等各个环节良性互动的长效机制。三是筑牢“全方位育人”的工作合力，结合青年学生的思想特点和发展需求，调动和发挥校内的育人要素，挖掘课程中的思想政治元素，统筹各个部门的思想政治教育合力，把思想引导和价值引领贯穿于教育教学始终。

把握育人工作重点是开展大学生思想政治教育的必要前提。做好新形势下大学生思想政治教育工作，必须把握育人重点，坚持目标导向和问题导向，切

实提升工作广度、深度、效度和信度，掌握合力育人的工作方向。高校应该坚定政治立场，学习贯彻习近平新时代中国特色社会主义思想，结合规律性、前沿性问题开展大学生思想政治教育规律研究，引导大学生全面客观认识当代中国、看待外部世界，正确认识时代责任和历史使命。面对新的时代之问，高校要着力于解决大学生思想政治教育中存在的主要矛盾，进一步解放思想、实事求是、改革创新，不断开辟发展教育的新环境，在实践中不断推动教育成效纵深发展。

推动各要素协调共进是做好大学生思想政治教育的重要条件。德育生态理论将研究内容作为一个完整的生态系统，探析相关实践与外部环境之间的逻辑关联度，探究在系统内部各个要素之间信息交互、行为交互的循环性、协调性作用，以加强思想政治工作为研究目标，引导高校关注大学生、专业教师、辅导员、教育方法、教育内容、各类思想文化阵地、中国特色社会主义理论体系、社会主义核心价值观、教育组织与环境等构成要素，以内在关联为线索，将诸要素视为一个融合的整体，精准施策、多向发力，并在此基础上，以系统性、结构化的育人思维推动各要素之间的相互影响和连贯互动，进而实现协调共进的良好局面。

实现内外环境的动态平衡是夯实大学生思想政治教育的题中之意。大学生思想政治教育处在一个纷繁复杂的生态环境中，其中不仅有作为受教者的大学生的自身因素，还有教师素质水平、教学方法创新力度、教材体系完善水平、学校工作载体建设与革新、社会环境与各方合力等重要因素。德育生态的环境融合理念，引导高校建设校内思想政治工作“示范区”和校外整体环境改革“助力区”，着力“大思政”，构建“大格局”。由此，在互联网时代的海量信息源和思想集散地中，高校准确把握思维差异、转变话语模式、消弭代际差异，以动态性的观察视角推进各要素之间的平衡发展，通过“互动性”这一要素要发挥作用，促进内外教育环境的互动、互联、互通，形成共同协作、相互适应与彼此协调来实现平稳和谐的育人范式，是夯实大学生思想政治教育工作基础的关键。

## 三、基于德育生态的高校思想政治教育路径

在德育生态理论视域中，大学生思想政治教育的各项因素通过思想交流、情感联通、信息传达相互交织，共同作用于高校生态系统。其中，思想交流形式丰富，既包括思想政治课堂教育、师生课外实践交流、谈心谈话等，也包括民主讨论、社会舆论、家庭互动等，它们在动态过程中不断强化着大学生对理想信念教育和价值引领的认同，在潜移默化中涵养大学生的理想信念，在流水无声中校正学生的处事范式，在春风化雨中培养学生的道德情操。情感联通注重思想政治教育过程中的人文关怀和信念养成，通过将社会主义核心价值观体现到教书育人全过程，加强育人内外环境之间的对话，不断在服务引导中夯实思想教育。信息传达是建立在教师与学生，学生与社会群体，学校与社会、家庭及外界环境之间的信息获取和选择途径，通过教学、研究、宣传和人才培养传导大学生思想政治教育的发展态势，并借由社会和家庭环境的有效反馈，巩固高校意识形态阵地。

是把握思想交流深度，在良性互动中加强价值引领。强化理想信念教育，视其为“引导大学生成长成才”“思想认识与实践相统一”和“帮助大学生进行正确价值判断和选择”的过程。深化大学生在思想方面的认同是高校开展思想政治教育的逻辑起点，提高思想政治工作的影响力和科学化精细化水平是其价值基点。高校应该从办学实际出发，有效开展思想动员、思想宣传、思想教育等方面工作，在良性互动中，帮助大学生不断坚定中国特色社会主义信仰，不断培育学生敢于担当的家国情怀、敢于作为的人生追求，从最根本和最基础的层面，实现全员、全过程、全方位育人。

二是营造情感联通氛围，在有效对话中深化人文关怀。对思想活跃、可塑性强的当代大学生而言，充满情怀的人文关怀是加强思想教育的有力方式，在面对面、点对点的谈心谈话中，着力深入学生的心灵，去关注和解决学生面临的思想问题与实际问题，才是打开学生心结的一把“金钥匙”。人文关怀的侧

重点在于尊重学生作为一个“人”的独特价值，在于启迪学生能够放飞心灵，去追求“人的自由全面发展”。在承认大学生的个性差异、明确每个学生个体需求的基础上，充满真情实感、体现人文关怀是高校思想政治教育的重要诉求。只有有针对性地处理好思想认知、价值取向、学习生活等方面的具体问题，才能营造出大学生思想政治教育的暖人“温度”。基于平等沟通、互动交流，思想引导的成效得以彰显；借由人文关怀、有效对话，高校围绕学生、关照学生的目标方可实现。

三是加大信息传达力度，在动态平衡中丰富教育形式。思想政治工作的影响力和成效性，为高校师生展现了其纵深发展的可能。当前，我们要承认高校思想政治工作面临的一个基本事实，青年学生在新媒体环境下不断接收海量的外在信息，甚至在一定程度上会对高校思想政治教育传递的信息进行某种“屏蔽”。高校要关注教育信息传导的力度、广度和有效度问题，结合青年学生的个性需求和新媒体传播的内在要求，深入探析思想政治教育实际工作的科学化，运用其规律去从事思想政治方面的宣传教育活动，设定活泼可感、真实可信的传播方式，并辅助以形式多样的教育实践活动来实现德育生态视域下信息传达的成效。在加强宣传力度、突出宣传重点的同时，运用新媒体新技术和师生们喜闻乐见的表达方式推动思想政治工作传统优势和现代技术高度融合，在动态平衡中，确保此项工作有影响、有内容、有亮点，传导积极正向的力量。

作为高校全方位育人的重要环节，大学生思想政治教育应积极响应时代诉求，通过理论探索和生动实践，寻求解决现实困境的良方。以高校为发力点，充分发挥施教者、受教者等主体的积极作用，使其成为思想政治教育的管理者、参与者、组织者、享有者，进而推进各方形成合力，这对提升大学生思想政治教育内涵、保障工作质量、明确育人方向具有重要指导意义。德育生态理念无声地渗透其中，在大学生思想政治教育的动态发展过程中发挥着促进联动、保持平衡、优化和谐的关键作用，为大学生思想政治教育水平的提升提供有力指引。

# 第八章　新时期大学生思想政治教育实践

## 第一节　家国情怀融入大学生思想政治教育

家是最小国，国是千万家。家国情怀是一种珍惜家庭、热爱祖国的深沉情感，是对家国一体、天下一家美好生活的向往。家国情怀历经五千多年的历史积淀，蕴含着丰富的文化内涵和价值意蕴，具有重要的历史意义和现实价值。2019 年 2 月 3 日，在春节团拜会上，习近平总书记指出："没有国家繁荣发展，就没有家庭幸福美满。同样，没有千千万万家庭幸福美满，就没有国家繁荣发展。"实现中华民族伟大复兴，就必须在当代青年群体中厚植家国情怀，培育具有强烈爱国主义精神的新时代青年。

### 一、家国情怀的理论与实践基础

家国情怀作为中华优秀传统文化的核心要素，不仅是一种情感认同、价值认同、文化认同，更是一种民族认同；不仅是中华民族凝聚力之源，更是中华民族精神的具体体现。家国情怀在中华优秀传统文化发展过程中不断传承与发展，在马克思主义中国化历史进程中创新与转化，在中华民族伟大复兴中国梦的引领下不断与时俱进，形成了具有鲜明时代特征的家国认同和民族自豪感，成为大学生思想政治教育工作中的活跃元素。

### （一）家国情怀根植于中华优秀传统文化之中

家国情怀是中国特有文化环境下产生的社会意识，其生成基础是中国传统文化中“家国一体”的价值观念和“家国同构”的政治理念。早在先秦时期，诸子百家对国家、家庭与个人之间辩证关系的论述就已体现出“家国一体”的价值观。譬如，《孟子》中提出的“天下之本在国，国之本在家，家之本在身”的理念，阐明了天下与国、国与家、家与个人是不可分割的整体与部分的关系。秦汉以后，大一统国家的治理需要促使“家国一体”的价值取向与发源于西周时期的“家国同构”政治理念相结合，形成了古代中国强调家庭在社会组织中的重要性、强调家庭和国家在内部运行机理上同质性的社会治理模式，这一“家国同构”的社会治理模式在长期实践中进一步将“家国一体”的价值观融入中国文化之中，逐渐形成了将个人与社会、国家的命运紧密联系起来，将国家、民族利益放于个人利益之上的家国情怀。家国情怀与中国历史文化一脉相承，继承了中华民族优秀传统文化基因，蕴藏着丰富的传统美德和崇高的民族精神。

### （二）家国情怀融合于马克思主义中国化的历史进程中

马克思主义在中华民族探寻救亡图存之路的历程中传入中国。马克思主义在中国这片古老土地上生根发芽的那一刻起，就融入了无数仁人志士深沉的家国情怀。在马克思主义中国化的进程中，中国传统家国情怀中的糟粕被摒弃、精华被传承，并与时代相结合，焕发出了新的活力。马克思曾在《青年选择职业时的考虑》一文中指出：“历史承认那些为共同目标劳动因而自己变得高尚的人是伟大人物；经验赞美那些为大多数人带来幸福的人是最幸福的人。”马克思主义将个人意识贯穿于社会发展始终，这与中华民族源远流长的家国情怀和民族精神具有一定的内在关联性。从毛泽东同志“舍小家保大家”的爱国情怀到习近平总书记“人民至上”的情怀都是马克思主义中国化过程中对传统家国情怀的传承与升华。推进马克思主义中国化，不仅要与中国具体国情相结合，更要与中华优秀传统文化相结合，实现马克思主义基本原理和中华优秀传统文化的良性互动，在互动中融合，在融合中创新，进而传承中华优秀传统文化基因。

### （三）家国情怀赓续于中华民族伟大复兴中国梦的实践中

近代以来，中华民族饱受深重苦难，但从来没有被压垮过，而是愈挫愈勇，不断在磨难中成长、从磨难中奋起。从辛亥革命到五四运动再到新中国成立，一代代仁人志士上下求索，探寻救国救民的真理，为民族复兴架桥铺路。将深沉的家国情怀根植于中国人民的灵魂深处，也铸就了中国人民追求中华民族伟大复兴的坚定意志，使中国人团结一致，不惧任何困难与挑战。实现中华民族伟大复兴，就是中华民族近代以来最伟大的梦想。这个梦想，凝聚了几代中国人的夙愿，体现了中华民族和中国人民的整体利益，是每一个中华儿女的共同期盼。新冠肺炎疫情发生时，中国人民面对生死不畏惧，或向险而行，或默默坚守，无数普通人以“舍小家为大家，舍小我顾大局”的家国意识筑牢疫情防控的最坚固防线。

## 二、家国情怀融入大学生思想政治教育的困境

2019 年 4 月 30 日，习近平总书记在纪念五四运动 100 周年大会上指出：“青年是整个社会力量中最积极、最有生气的力量，国家的希望在青年，民族的未来在青年。”新时代青年大学生承担着民族复兴的重要使命，将家国情怀融入青年大学生的思想政治教育，厚植大学生家国意识，强化爱国主义精神教育，是时代发展和民族复兴赋予高校的责任与使命。当前，高校的家国情怀教育尽管取得了很多成就，但也存在很多问题，具体体现为大学生家国情怀不够

深厚，高校缺乏系统性、战略性的顶层设计等。

## （一）大学生家国情怀不够深厚

当今社会和谐稳定，人民安居乐业，但受成长环境、市场竞争、互联网两面性等影响，部分大学生也存在着精神空虚、心浮气躁、追求物质享受、家国意识淡薄、理想信念缺失等一系列问题。

一是大学生群体正处于生理机能成熟而心智尚未成熟的特殊阶段。部分大学生成长环境普遍优裕，缺乏逆境磨练，在学习和生活中有过度强调自我意识和自我价值的倾向，思想政治教育接受度不足，甚至存在一定的阻抗心理，从而导致对家国情怀教育的认同感不够强烈。

二是随着市场化竞争日益激烈，社会层面对个体价值的评价趋于功利化，使部分大学生在学习观、生活观、择业观等方面表现出浓厚的功利色彩，其谋求个人利益最大化的观念与家国意识的构建产生了强烈的冲突。

三是伴随互联网信息技术的快速发展，“快餐文化”盛行，“快”阅读占据了青年学生的大量空闲时间，短视频代替了深度阅读，导致大学生系统学习意愿下降、深入思考能力不足，对历史发展脉络、国家时事政治和世界发展大势等缺乏系统性的认知，这些基础性认知的缺位使大学生群体对家国情怀教育认同感不足，削弱了当代大学生主动构建家国情怀的意识。

## （二）高校缺乏系统性、战略性的顶层设计

高校是“立德树人、铸魂育人”的主阵地，家国情怀教育效果好不好，有没有系统性、战略性的顶层设计是关键。从当前家国情怀教育现状看，部分高校缺乏相应的体制机制建设，在课程设置与评估体系中，未进行有效详细的培养方案论证，专业课程“课程思政”作用未充分发挥，未实现教学、教材、学科和管理之间的联系互动。学生“第二课堂”缺乏开展相应活动常态化机制，理论与实践未形成良性互动，产生合力，活动形式和内容缺乏针对性、趣味性，

导致大学生家国情怀理论学习与社会实践结合不紧密，在一定程度上存在学用脱节的现象。在家国情怀教育网络平台建设与管理上建设不足，利用先进网络技术与红色资源相结合开展家国情怀教育还不够，家国情怀的网络宣传引导还有待加强。

## 三、家国情怀教育融入大学生思想政治教育的实践路径

加强家国情怀教育是一项系统性工程，需要国家、社会、家庭、学校与个人形成良性互动，共同构建一个运转流畅、积极有效的教育体系。如何破解传统的“路径依赖”，充分发挥高校在大学生价值观成长关键期厚植家国情怀的关键作用，是新时代亟须解决的问题。

### （一）思想引领与自主构建相结合，形成家国情怀教育合力

在高校思想政治教育过程中做好大学生家国情怀教育，既需要高校教师的言传身教，也需要提高大学生的自主意识，让教育者与被教育者在培育家国情怀的思想认识上达成共识，在教育实践中形成合力。具体包括以下两个方面：

一是使家国情怀教育融入全员、全过程、全方位育人过程中。构建全员、全过程、全方位育人大格局，是高校育人体系建设的价值旨归。将家国情怀教育融入全员、全过程、全方位育人过程中，思政课教师是引领者，应准确把握家国情怀的科学内涵并将其贯穿到教育教学全过程；辅导员是主攻者，应主动在日常管理中融合家国元素，在潜移默化中增强大学生的家国情怀意识；专业课教师是协助者，应积极响应“课程思政”建设要求，充分挖掘家国情怀中的思政育人元素，将家国情怀融入专业课教学过程中，做到育人与育德相统一。

二是要积极引导大学生自觉涵养家国意识。高校应积极发挥学生与党员干部的宣传骨干作用，通过在大学生群体中树立典型，发挥榜样示范作用，营造爱国爱家的良好氛围。高校可以在大学生群体中广泛收集爱国爱家的典型案

例，开展系列活动，采用“同情共感”式教育教学法，使大学生内心产生共鸣，从而引导大学生自觉强化家国情怀；借助大学生朋辈教育力量，通过选拔培养朋辈教育队伍，搭建朋辈教育平台，在朋辈教育的引导下开展家国情怀互助学习，充分调动大学生学习主动性和积极性，促进大学生群体实现自我教育和自我管理。

### （二）文化熏陶和改进创新相结合，构建涵养家国情怀的文化氛围

高校是大学生群体日常学习和生活的主要场所，校园的整体文化环境直接影响着家国情怀教育的成效。一方面，高校要坚持依托文化建设开展家国情怀教育；另一方面，高校也应当通过改进创新使教育教学成果反哺文化建设，共同构建涵养家国情怀的文化氛围。

高校要依托校园文化涵养家国情怀。高校要充分发挥校园红色文化育人功能，结合大学生实际特点和学校实际情况，加强校园红色文化基础设施建设，并开展形式多样的家国情怀教育活动，组织红色文化进校园，邀请名人名家开展家国情怀理论宣讲，适当增加红色文化课程占比，增强课堂教学的趣味性，进一步激发学生爱家爱国意识。高校也要充分发挥宿舍文化的育人功能，开展优秀文明宿舍评比活动，促进大学生维护公共卫生和基础设施建设的行动自觉，涵养积极向上的宿舍文化，培养大学生爱家意识，进一步激发大学生的家国情怀。高校还要充分发挥校园精神文化的育人功能，定期举办学科专业技能大赛、班级团建、校园主题宣讲等活动，营造你追我赶的学习氛围、团结温馨的班级氛围、爱校荣校的校园氛围，从情感上增进大学生的家校认同感，进而激发家国情怀。

此外，高校还要丰富家国情怀教学内容，在教材编写时适当增加家国情怀内容占比，深入挖掘蕴含家国情怀的红色资源、典型案例和历史文化，并将其融入思政课和专业课教学过程中，使生硬的书本知识变得易于理解和接受，真正做到有效传递家国情怀；丰富家国情怀教学形式，打破传统的灌输式教学模

式，通过案例式、情景式、互动式教学方式开展家国情怀教育，增加师生之间的交流互动，让大学生在思想的交流和碰撞中理解和感悟家国情怀的力量；丰富家国情怀教学载体，充分考虑时代特点和现代大学生偏好，运用网络教育平台、多媒体技术等手段来创新家国情怀教育情景，激发大学生学习兴趣，通过视频、音频、图片等形式展现教育内容，还可以通过虚拟现实技术使学生身临其境感受课堂的魅力，让大学生在喜闻乐见的教育当中提升家国认同。

### （三）顶层设计和实践养成相结合，形成家国情怀教育长效机制

家国情怀教育是一项长期的系统工程，是一项需要薪火相传、代代相继的伟大事业。高校应注重顶层设计到实践养成的每一个环节，抓住关键、久久为功，建立起家国情怀教育的长效机制。

一是要加强家国情怀教育的顶层设计。要进一步强化制度保障，贯彻落实国家相关文件精神，分类分层次制定行之有效的大学生家国情怀培育实施方案，明确目标定位、实施步骤、奖惩措施等内容，统筹各方力量协同推进方案的实施，确保具体举措落地见效，同时，将家国情怀教育融入教育评价体系，作为师德师风考核的一部分。要进一步优化组织保障，健全组织管理机制，压实主体责任，确保家国情怀教育层层推进，走深走实。要进一步完善物质保障，设置家国情怀培育专项经费，包括支持关于家国情怀研究的课题、表彰践行家国情怀的模范师生、组织开展家国情怀校园实践活动等，为大学生家国情怀培育提供物质支撑。

二是要推进家国情怀的实践养成。要进一步整合社会资源，积极探索有利于开展家国情怀教育的方式方法，建立红色文化教育基地或联合培养基地，开展家国情怀相关主题实践教学活动，让大学生在社会实践和服务社会中增强对家国情怀的认同感。要进一步利用好中华民族传统节日，高校可以在不同的节日开展家国情怀教育宣传活动，如在端午节带领学生参观爱国主义教育基地，在中秋节开展以家国情怀为主题的文艺汇演活动等，让大学生在节日氛围中感受家国情怀。要积极开展形式多样的志愿服务活动，定期组织大学生赴敬老院

和孤儿院开展献爱心活动，让大学生在社会实践中了解时代变化和社情民情，提高自身实践能力，使大学生的家国情怀内化于心、外化与行。

家国情怀是中华优秀传统文化所蕴含的重要价值理念，是中华民族品格的具体表征，无论是过去、现在还是未来，都对社会建设、人才培养和民族发展具有不可替代的价值作用。中国特色社会主义进入新时代，实现中华优秀传统文化的创新性发展和创造性转化，需要培育更多具有浓厚家国情怀的时代青年。一代人有一代人的使命，实现中华民族伟大复兴的第二个百年奋斗目标，青年是主力军。因此，高校积极探索将家国情怀融入大学生思想政治教育的模式，是落实“立德树人”“铸魂育人”根本任务的时代要求，是推动高校内涵式发展的关键举措，是实现中华民族伟大复兴的内生动力。

## 第二节　红色文化融入大学生思想政治教育

党的十八大以来，习近平总书记多次强调要重视红色文化的发展。2021 年是中国共产党成立 100 周年，习近平总书记多次到红色资源地进行考察调研，重温历史，感悟红色文化。红色文化不仅秉承着中华传统文化的优秀精神品质，而且是社会主义先进文化的核心内容，它本身包含着宝贵的革命精神财富以及深厚的文化积淀。当代大学生是社会主义事业的接班人和建设者，他们承担着民族振兴的时代重任，并且大学时期是其树立正确思想观念的关键阶段，高校更应该注重加强大学生思想政治教育。所以说，在大学生思想政治教育中加入红色文化教育，不仅能够在一定程度上加强红色文化的传承与发扬，还能够培育大学生树立正确的“三观”。

# 一、红色文化融入大学生思想政治教育的必要性

红色文化是中国共产党的宝贵精神财富，是中华民族精神力量的集中体现，是引导大学生传承先进文化、学习革命精神、珍惜当前幸福生活的极好资源。思想政治教育是指社会或社会群体用一定的思想观念、政治观念、道德规范，对其成员施加有目的、有计划、有组织的影响，并促使其自主地接受这种影响，从而形成符合一定社会、一定阶级所需要的思想品德的社会实践活动。高校的思想政治教育是指在学校内开展符合当前社会与阶级发展的实践活动。所以，将红色文化融入思想政治教育之中有着重要意义。

## （一）有利于大学生树立正确的世界观、人生观和价值观

当下，西方利己主义、享乐主义等不良社会思潮的传入，导致我国有部分大学生产生坐享其成、不知奋斗的不正确的思想观念。将红色文化融入大学生思想政治教育中，既要使大学生通过学习了解革命英雄的事迹，切实感悟到革命先烈为了革命信仰不惜流血牺牲的英雄气概，也要使大学生通过学习伟大建党精神等革命精神，切实领悟革命先辈艰苦奋斗等革命精神，让他们深刻领悟到现在的安定生活正是因为有无数革命先烈以鲜血和生命为代价换取来的，进而使他们珍惜现在安定的生活环境。将红色文化融入大学生思想政治教育，让大学生通过对党的百年奋斗史的学习，从百年历程之中深刻领悟真理力量，不仅有助于大学生树立正确的世界观、人生观和价值观，而且可以让大学生坚定正确的政治方向，时刻谨记实现中华民族伟大复兴的时代重任。

## （二）有利于培养当代大学生的爱国主义情怀

爱国主义是中华民族精神的核心，同时也是高校思想政治教育的核心内容。爱国主义情怀是红色文化的重要内容，红船精神、建党精神等伟大精神无一不包含爱国主义情怀。回顾中华民族的百年奋斗史，正是因为拥有着浓厚的

爱国主义情怀，无数革命先烈前仆后继，为民族的解放事业立下了不朽的功勋。但是由于当今大学生生活在一个和平的年代，没有经历过革命年代的艰辛，他们的爱国情绪不知应当如何表达出来，所以高校在对大学生开展思想政治教育的过程中加入红色文化教育是至关重要的。高校可以利用假期的闲暇时间组织开展一定的实践活动，让大学生参观红色文化教育基地，加深对革命先烈事迹的了解，使其加倍珍惜当下这来之不易的幸福生活。高校通过开展爱国主义主题教育，能够潜移默化地培育大学生的爱国主义情怀。

### （三）有利于提升大学生的道德素养

思想道德教育是高校思想政治教育的重要内容。红色文化中包含着革命先辈们的高尚道德情操以及革命精神风范。回顾中华民族的百年奋斗征程，凸显革命前辈自强不息、不懈奋斗的品质的事例比比皆是，这些都是红色文化融入高校思想政治教育最好的教育资源。大学生现在正是处于大有作为的重要时期，只有通过学校的精心培育，才能够使其成为具有高尚道德情操的人。大学生经过对红色文化系统的学习，能够深刻体会革命前辈的高尚品格以及他们艰苦奋斗、不怕牺牲的精神，提升道德素养，强化责任担当。红色文化是校园文化建设不可或缺的一部分，让大学生身处具有红色文化教育环境的校园之中，能够使其潜移默化地接受红色文化的熏陶，进而逐渐养成良好的思想道德素养，助力其成长成才。

## 二、红色文化融入大学生思想政治教育存在的问题

高校是思想政治教育和意识形态工作的主阵地，肩负着新时代弘扬红色文化的任务。高校弘扬红色文化对开展思想政治教育，使大学生树立正确的“三观”、培养爱国主义情怀、成为新时代高素质的人才等具有十分重要的意义。目前，红色文化在融入高校大学生思想政治教育的过程中仍然存在一些问题。

### （一）社会环境对高校红色文化教育产生不良影响

现在正处于文化多元化的新时代，我国同其他国家的联系只依靠经济与政治方面的交流是不全面的，还需要进行文化方面的交流。一方面，随着西方文化的流入，一些错误的社会思潮也随之暗流涌动。同时，传播方式的丰富与发展，打破了中西文化交流的时空限制，这使得历史虚无主义、享乐主义等错误思潮借用新媒体方式传播着错误的思想观念，不断侵蚀当代大学生的价值观，成为其成长道路上的阻碍。这会使大学生容易认为学习红色文化的相关内容是没有意义的，从而忽略红色文化的价值，并在一定程度上降低对红色文化的认同。另一方面，有些人将红色文化教育简单地理解为就是游览红色景点，这就将红色文化的内涵理解得过于片面了。此外，随着社会经济的发展，有些红色旅游基地商业色彩较为浓厚，使得学生的参与感不强，很难达到高校开展红色文化教育的目的。

### （二）红色文化融入大学生思想政治教育存在重形式、轻内容的现象

进入新时代以来，高校在以文育人层面取得了一定的成绩，但在一些方面还有进一步完善的空间。当前，部分高校在关于红色文化教育的层面只单单关注形式上的传播，而忽视了红色文化教育内容的重要性。不管是采用课堂上教师教学、专家开展讲座等传统的形式，还是采用微课、短视频等新的传播形式，或者开展参观革命纪念馆、博物馆等实践活动，一般只停留于对革命的历史事件、革命先辈们的英雄事迹进行讲述的层面。这属于为看而看，注重形式，并没有对红色文化进行深入的分析，没有发挥红色文化的感染力。这就使得大学生对于红色文化的理解比较浅显，甚至可能会导致部分大学生最后只有形式上的印象，忽视了对红色文化精神内涵的学习，并不能使其深入地认识到高校开展关于红色文化教育的真正意义，无法达到高校的预期效果，从而造成红色文化不能很好地融入当代大学生思想政治教育的结果。

### （三）红色文化的理论教学与实践体验教育存在脱节现象

在之前开展红色文化教育的过程中，高校往往以理论教育为主，较少开展关于红色文化的教育实践活动，这种教育模式就会产生教育主体脱离教育客体、理论与实际相脱节的问题，从而导致大学生对学习红色文化的兴趣降低。课堂上的教授内容一定离不开对理论的基础性学习，这能够在一定程度上加强学生对理论知识的掌握，但是一味枯燥讲授理论知识的学习效果并不是很好。如果教师在教书育人的过程中只重视教授教材中的内容，忽略与学生的互动与交流，则往往不能够达到预期的教育目标。并且由于教授内容与大学生现在的生活联系得并不紧密，学生只能单单在理论层面对红色文化有着简单的认识。单单运用纯理论的教育方式会阻碍高校红色文化教育的展开，阻碍大学生主观能动性的发挥，而且不利于红色文化精神内涵的拓展。要想促进红色文化教育的展开，就要通过开展沉浸式红色文化教育的实践活动，让大学生在实践中切实感受红色文化中的精神力量。

## 三、红色文化融入大学生思想政治教育的实践路径

红色文化与其他的思想政治教育的内容不同，它不像其他教育内容那般枯燥，在教育的过程当中发挥着强大的价值引领作用。将红色文化融入思想政治教育，一方面需要通过红色文化当中鲜活的英雄事迹、中国共产党人自强不息的精神等深化大学生对红色文化的理解，使其坚定政治方向，更加清楚自己身上所担当的时代重任，促进其养成良好的道德素养；另一方面，需要通过组织一系列的相关实践活动来促进红色文化融入大学生思想政治教育，使大学生将坚定的意志牢记心中并外化于行，做到知行合一。

### （一）借助校园文化建设，发挥红色文化的育人作用

文化既具有传递性，又具有涉及面广、在潜移默化中育人等特点。校园文化以校园为主要空间，以学生为服务对象，以育人为主要目的，以校园精神和办学传统为核心，以精神文化、行为文化、环境文化和制度文化等为主要内容，能够对大学生的思想观念、政治信仰、生活方式、价值取向、行为习惯产生潜移默化、深远持久的影响。校园是大学生主要生活的地方，也是大学生接受最多教育的地方。借助校园文化建设开展红色文化教育，不仅有助于打造红色校园环境，而且有利于增强大学生思想政治教育的实效性以及大学生学习红色文化的兴趣。

一方面，可以通过在校园内竖立红色文化主题雕像、结合各个革命纪念日组织学生制作相关的宣传板报等方式，切实增强红色校园文化的氛围，让大学生潜移默化地接受红色文化的熏陶，提升其思想政治素质。

另一方面，深入开展有关红色文化的系列活动，比如开展红色爱国主题演讲比赛、撰写红色主题征文、传唱红色经典歌曲等主题活动，在平时校园活动中融入红色文化，展现红色文化独特魅力。只有当红色文化在校园内屡见不鲜，才能够让大学生耳濡目染，从而能够充分发挥红色文化以文化人、以文育人的作用。

### （二）借助思政课堂教学，增强红色文化教育的吸引力

思想政治理论课是高校落实立德树人根本任务的关键课程。现在的大学生生活在一个和平的时代，同时拥有着优越的学习生活环境，他们没有经历过艰难困苦的革命岁月，这也就造成部分大学生并不能做到居安思危。为了解决这一问题，高校可以通过思想政治理论课开展红色文化教育，培养学生居安思危的忧患意识，同时可以在传统教学模式的基础上进行创新与发展，丰富教育教学方法和手段。只有聚焦学生的关注点，将红色文化教育的内容以学生们喜闻乐见的形式融入课堂教学，才能够最大限度地激发他们对于学习红色文化的兴

趣。同时，高校还可以通过开展“四史”课程教学，重视课程思政建设，用党的科学理论武装大学生，用党的初心使命感召大学生，用党的光辉旗帜指引大学生，用党的优良作风塑造大学生。

## （三）借助大学生社会实践活动，丰富红色文化教育载体

高校在教育大学生时单单只依靠理论是不够的，需要将理论与实践相结合，借助社会实践活动开展红色文化教育，以此来提升对大学生思想政治教育的效果。

首先，通过打造红色教育实践基地，将理论教学与实践活动结合起来。比如，全国各地的红色纪念馆和博物馆、红色革命旧址等，皆是高校可以加以利用的实践教学场所，高校可以凭借自己的地理优势，与本地的红色教育基地建立合作关系。高校可以利用周末及寒暑假时间，组织大学生去红色纪念馆、红色革命旧址等进行参观，使学生真实地了解革命事迹和历史情境，更深层次地领悟红色文化的精神实质。

其次，开展一系列红色文化主题社会实践活动。比如，在我国重大节庆日与纪念日，通过组织与之相关的社会实践活动，可以加强大学生对红色文化的认同感。

最后，高校组织成立宣讲团，让学生通过自学自讲的方式，面向社区工作者、中学师生等群体开展宣讲活动。这样可以提高大学生自我学习的能力，激发其学习红色文化的兴趣，提升其学习红色文化的积极性。

此外，随着科学技术的不断发展，高校可以利用虚拟 3D 技术开展关于红色文化的虚拟实践。虚拟实践是一种沉浸式、互动式的体验学习，它解决了思想政治教育学习形式单一的问题，让学习不再枯燥，可以让大学生更加深切地理解党的艰辛历程，同时还可以解决以往实践教学过程中所存在的成本问题以及安全问题，真正实现全员育人、全程育人、全方位育人。比如，中国矿业大学打造了以“VR＋红色教育”为主题的教学基地，用 VR 的形式呈现

建党百年的历史，利用 VR 红色教育系统还原历史场景，打破传统体验式红色教育的时空限制，真实再现红色革命场景，使大学生感受革命的艰难险阻。虚拟实践立足于还原当时真实的情景，让学生在虚拟实践中深刻领悟到红色文化的精神内涵。

### （四）借助新媒体，建设红色文化传播阵地

现在我们已进入信息时代，红色文化的传承离不开先进科学技术的支撑。已经有愈来愈多的思想政治教育者意识到，如果想要最大限度地发挥思想政治教育的实际作用，则必须了解大学生获取信息的手段方式，借助于新媒体的强大宣传力量来促进对红色文化的宣传。这样能够让大学生随时随地地了解红色文化、学习红色文化、实践红色文化。尽管新媒体给传统的大学生思想政治教育模式带来了冲击和挑战，但其确有一定的优势。所以高校在利用新媒体建设红色文化传播阵地时要“趋利避害”，通过各新媒体平台传播红色文化主题教育。

首先，建立具有正向引导作用的新媒体平台，打破思想政治教育的空间限制。主要可以通过建立相关红色主题的网站以及微信公众号等新媒体平台，构成线上线下相结合的教育形式，以此实现“润物细无声”的教育效果。

其次，高校可以通过学校官方的视频号等，专门制作有关宣传红色文化的小视频，以此宣传英雄事迹、红色历史等内容，同时可以让大学生加入宣传红色文化的队伍，使其成为红色文化的传播者，充分调动其学习红色文化的主动性。在此过程中，高校要加强对网络舆论的监督，为校园开办红色教育平台提供网络安全保障。

最后，建立网络红色课堂。伴随着 5G 时代的到来，慕课成为大学生接受教育的一种途径。高校教师可以利用网络新媒体录制红色文化的相关内容，辅助高校加大对红色文化的宣传力度，以此增强以文育人的效果，比如将红色经典作品或者红色电影带进课堂，以增强红色文化的吸引力与影响力。

将红色文化融入大学生思想政治教育中，能够提高当代大学生学习红色文化的积极性，有助于大学生群体树立正确的世界观、人生观和价值观。所以说，高校要肩负起使命担当，只有不断探索红色文化融入大学生思想政治教育的路径，坚持对其进行实践创新，才能够不断增强大学生对中国共产党领导以及对中国特色社会主义的政治认同、思想认同、理论认同以及情感认同，着力培养能够担当民族复兴重任的时代新人。

## 第三节　伟大建党精神融入大学生思想政治教育

伟大建党精神是中国共产党的精神之源，集中体现了中国共产党立党执政的高尚品格。它既为大学生思想政治教育提供了的重要理论指引和精神滋养，同时也是大学生思想政治教育面对的重大理论命题和实践课题。2021 年 7 月 1 日，习近平总书记在庆祝中国共产党成立 100 周年大会上的讲话中指出：“我们要继续弘扬光荣传统、赓续红色血脉，永远把伟大建党精神继承下去、发扬光大！”伟大建党精神融入大学生思想政治教育是继承和发扬伟大建党精神历史使命的客观要求，也是从实践指向引导大学生深入学习伟大建党精神，以坚定理想信念、提升精神境界、锤炼品格意志、强化家国担当的必由之路。

## 一、伟大建党精神融入大学生思想政治教育的现实意义

伟大建党精神深刻体现了集科学性、实践性、革命性、人民性于一体的马克思主义意蕴，不仅为大学生深入领会“中国共产党为什么能”提供了重大理论指引，还为大学生学懂弄通身处百年未有之大变局、追寻中华民族伟大复兴中国梦开辟了重要实践路径。

### （一）强化真理感召，坚定理想信念

对马克思主义的信仰，对社会主义和共产主义的信念，是共产党人的政治灵魂，是共产党人经受住任何考验的精神支柱。中国共产党的发展史是一部坚持真理、坚守理想的奋斗史，中国共产党人追求马克思主义真理的历史画卷是大学生理想信念教育最生动、最深刻的教材。十月革命一声炮响，让苦难深重的中国人民在万马齐喑中看到了真理的曙光，马克思主义基本原理是普遍真理，具有永恒的思想价值。党成立百年以来将真理与理想高度结合，坚持信仰马克思主义、丰富马克思主义、发展马克思主义，在解决实际革命问题和发展问题的过程中不断推动马克思主义中国化。可以说，伟大建党精神凝练和展现了马克思主义的真理性、实践性、发展性，也从发展着的马克思主义中不断汲取着更加深刻的内涵、更加旺盛的生机。伟大建党精神融入大学生思想政治教育，可以引导大学生牢固树立共产主义远大理想和中国特色社会主义共同理想，引导大学生不断加深对马克思主义发展、马克思主义中国化尤其是马克思主义普遍真理与中国特色社会主义建设相结合的认识，引导大学生在具体实践中坚持马克思主义的立场和观点，以马克思主义基本原理武装大脑，深刻把握历史发展规律和世界变化趋势，在真理的感召下坚定个人理想信念，在中华民族伟大复兴的征程中发挥自己的青春力量。

### （二）锻造实践品格，践行使命担当

伟大建党精神融入大学生思想政治教育，有助于锻造大学生的实践品格，引导大学生勇敢承担中国特色社会主义建设和中华民族伟大复兴赋予的时代重任。中国共产党一经诞生，就把为中国人民谋幸福、为中华民族谋复兴确立为自己的初心使命。百年风雨追求如一，披荆斩棘底色依旧，伟大建党精神凝聚着中国共产党领导人民闹革命、搞建设、求发展的百年史，记载着英雄先烈和仁人志士们或舍生取义或公而忘私或以身许国的奋斗史，撰写着一部将初心使命锤炼为民族独立、人民自由、国家富强的宏大编年史。受经济全球化形势下各种社会现象和网络思潮的冲击，质疑历史、淡化民族、矮化文化、否定伦理的虚无主义倾向在当代大学生群体中屡见不鲜，功利主义、拜金主义、享乐主义、极端利己主义正在侵蚀大学生群体的青春底色，这些都是不争的事实。从“90 后”到“00 后”，“年轻的一代会垮掉吗”成为举国上下关注的焦点，而大学生是否能够担起时代重任也是争论的题中之意。站在百年未有之大变局的历史十字路口，面对时代和人民对大学生提出的新的更高的要求，伟大建党精神可以引领大学生在新征程的具体实践中磨练意志、提高韧性、锻造品格，领会自己承担的历史使命和社会责任，端正自己未来的人生态度和前进方向，积蓄自己奋斗的精神底气和深层动力，将人生价值的实现置于建设中国特色社会主义和追寻中华民族伟大复兴中国梦的具体实践之中。

### （三）磨砺精神品质，锤炼奋斗意志

伟大建党精神融入大学生思想政治教育，有助于磨砺大学生百折不挠的拼搏精神和勇往直前的内在品质，引导大学生锤炼为国家和人民奉献青春的奋斗意志。从新民主主义革命到社会主义革命再到建设中国特色社会主义，世界上没有哪个党像我们党这样，遭遇过如此多的艰难险阻，经历过如此多的生死考验，付出过如此多的惨烈牺牲。面对各个历史时期不同的历史任务和现实问题，党在艰难险阻和重重挑战面前从未忘记对理想信念的坚守、对使命担当的坚

持，无数英雄人物为国为民、矢志不渝、攻坚克难铸就的精神丰碑和谱写的伟大史诗，理应成为当代大学生洗濯思想、荡涤心灵的宝贵源泉。当今大学生出生和成长在社会主义中国高速发展的时期，从物质文明的丰富程度来看无疑是遇上了史上最好的年代，但美好的生活来之不易，建设中国特色社会主义的前路仍然充满险阻、十分漫长。面对着日趋复杂的国际局势、泥沙俱下的社会思潮、一日千里的科技发展、不断提升的精神需求，大学生唯有站在真理这一边，把握普遍规律，发挥主观能动性，才能在可能到来的巨大挑战中戒骄戒躁、顽强拼搏、勇于创新、坚持奋斗。伟大建党精神融入大学生思想政治教育，就是要以更加深切、鲜活的教育帮助大学生从我们党领导全国各族人民追寻中华民族伟大复兴的奋斗历程中体悟初心、信心和决心，从而在实践中磨砺自身品质，在挫折中凝聚前行力量，在开拓中锤炼奋斗意志。

### （四）厚植政治定力，夯实人民立场

将伟大建党精神融入大学生思想政治教育，有助于大学生坚定拥护党的领导的决心，培养过硬的政治定力，将人民立场作为实现人生价值的准绳。纵观我们党革命、建设和改革的各个时期，无论遭遇何种困难、面临何种困境，党员对党组织的忠诚、对人民事业的忠诚始终是党各项事业的基石。“忠诚”是对新民主主义革命的必胜信念，是对社会主义革命和建设的坚定意志，是对中国特色社会主义的强大信心。当代大学生一方面面对着百年未有之大变局，承担着国家富强和民族复兴的历史重任，另一方面身处国际政治局势动荡、市场经济体制变革、社会利益诉求多元、意识形态问题凸显的时代浪潮之中，这对大学生政治定力的养成提出了空前的高要求。历史已经有力地证明，对党忠诚就是对人民忠诚，就是对国家的前途和民族的未来忠诚，就是对共产主义理想和社会主义事业忠诚，坚持对党忠诚就是政治定力的真正来源所在。伟大建党精神融入大学生思想政治教育，生动鲜活而又深刻地展现了“对党忠诚”与“人民立场”辉映交融所铸就的伟大功绩，帮助大学生深入领会“对党忠诚、不负

人民”蕴含的历史意义和时代价值，可以强化大学生在错综复杂的具体实践中秉持对马克思主义普遍真理的信仰和中国特色社会主义事业的信心，主动拥护党的方针政策和国家法律法规，自觉通过对党的事业的忠诚与投入不断强化人民立场，端正政治方向，坚定政治立场，厚植政治定力，将个人的学习与成长、就业与发展、奋斗与理想置于中华民族伟大复兴的征程中。

## 二、伟大建党精神融入大学生思想政治教育的实践理路

伟大建党精神融入大学生思想政治教育，要把伟大建党精神的研究宣传与高校立德树人根本任务紧密结合起来，通过精神内涵研究、教育机制探索和师资队伍建设，引导大学生继承和发扬伟大建党精神，推动伟大建党精神在大学生中向实践转化。

### （一）注重伟大建党精神阐释的学理性与大众化

伟大建党精神蕴藏着引领中国特色社会主义建设和中华民族伟大复兴的巨大动力，是高校开展大学生思想政治教育的不竭宝库。伟大建党精神融入思想政治教育，要求高校充分发挥自身智力资源密集优势，深入和加强伟大建党精神的研究工作，注重面向大学生群体不断提升伟大建党精神阐释的学理性与大众化。

注重伟大建党精神阐释的学理性，就要依托高校哲学社会科学方面的人才优势和底蕴积淀，阐释通透伟大建党精神的深刻内涵和时代价值，从理论层面切实彰显伟大建党精神的科学性和真理性，为思想政治教育的吸引力、说服力、感染力夯实理论基础。伟大建党精神融入思想政治教育，既要讲好大道理、树立鲜明的政治立场，也要做好伟大建党精神阐释的具体材料梳理、核心要义讲解和内在逻辑推理，讲透伟大建党精神背后的历史背景、客观规律和普遍真理，让科学性助推解释力提升。

注重伟大建党精神阐释的大众化，就要着眼大学生群体成长发展的一般特点和教育规律，将严肃艰深的宏大理论细化为生动活泼的具体理论，以联系实际、联系生活、联系青年的大众化方式推进伟大建党精神深入人心。高校要坚持从大学生群体的客观理论水平和接受特点出发，勤于了解学生困惑、敢于应对学生发问、善于切换语言风格，通过真实事件、具体事例等瞄准抽象理论与具象生活的交集，既要真正针对大学生感兴趣和关注的热点理论问题与现实问题，又要尝试用大学生喜欢的表达方式和叙事逻辑讲述理论，引导大学生以小见大、见微知著，真正做到情感的深入交互。

### （二）注重伟大建党精神教育的深刻性与常态化

伟大建党精神融入高校思想政治教育，要依托课堂教学提升伟大建党精神教育的深刻性，通过日常思想政治教育推进伟大建党精神教育的常态化。

课堂教学是高校开展思想政治教育工作的主渠道，思想政治理论课作为主阵地，应当结合现有课程内容增设伟大建党精神的相关专题和章节。高校要以伟大建党精神为主题开设全校性必修课或选修课，打磨出科学系统而又精彩深刻的课程内容，讲好讲透伟大建党精神的内涵与外延，清楚阐释伟大建党精神的时代价值和现实意义，引导大学生在感悟真理穿透力和理想感召力的同时，深刻领会人民选择马克思主义和中国共产党的历史必然性，不断强化对中国特色社会主义和中华民族伟大复兴的自信。与此同时，高校要依托课程思政建设探索将伟大建党精神科学融入以专业课程为主的其他各类课程，将中国共产党成立尤其是中华人民共和国成立以来，党开展社会主义物质文明和精神文明建设，不断加强和推进自然科学、社会科学、思维科学各项学科研究与教育事业发展，特别是在各行各业、各个领域涌现出来的优秀党员和先锋模范，与课程教学内容有机结合起来。

以日常思想政治教育推进伟大建党精神教育的常态化，应当坚持开门办学的思想政治教育理念，发掘所在地方的红色传统和红色资源，让大学生走进百年党史，让百年党史走进大学校园，通过第二课堂建设和校园文化建设深挖伟大建党精神的育人内涵，把我们党为人民谋幸福、为民族谋复兴的苦难辉煌谱写成口耳相传的赞歌、创作成感人至深的故事，在潜移默化中滋养大学生的思想品德和灵魂人格，强化大学生群体对党的全面认同。

### （三）注重思想政治教育工作队伍的成长性与专业化

伟大建党精神融入高校思想政治教育，关键在思想政治教育工作队伍。根据教育部公布的数据，截至 2021 年年底，高校思政课专兼职教师超过 12.7 万人，专兼职辅导员达 24.08 万人。推进思想政治教育工作队伍专业化建设，既要坚定不移地将思政课教师队伍建设放在高校内涵式建设的整体规划之中，也要注重辅导员队伍的专业化、职业化建设，推动思想政治教育工作队伍综合素养和专业水平全面提升，推进课程思政和日常思政协调发展。

推进思想政治教育工作队伍专业化建设，需要坚持以立德树人为核心开展伟大建党精神相关科研，灵活认定科研成果，加大队伍奖励力度，把教学实绩和教育实效作为工作考核的基本要求，引导思想政治教育工作队伍热心教学、潜心育人，在具体教学实践和教育工作中实现个人成长；以伟大建党精神教学和育人方式方法的不断创新，呈现思想政治教育工作队伍专业化与成长性实效，鼓励教师遵循大学生成长与发展中的客观认知规律，根据学段、专业、校园地、生源地等的不同特点探索教育设计差异化；倡导教师在教学和育人中加强对伟大建党精神内涵的发掘，活化教育内容，重塑话语方式，革新传播手段，直面大学生关心的热点问题和切身需求迎难而上。

有条件的高校可以建立伟大建党精神研究中心或与其他高校伟大建党精神研究中心开展合作，组织和发动思想政治教育工作队伍积极投身伟大建党精神的理论研究、成果转化和教学实践，研究好、讲授好、实践好、弘扬好伟大建党精神，加强高校思想政治教育的内在支撑，为高校思想政治教育队伍的成长发展提供广阔的平台。

## 三、伟大建党精神融入大学生思想政治教育的路径

高校应深刻领会伟大建党精神内涵的思想政治教育意蕴，立足智力集聚优势，彰显学科专业特色，将伟大建党精神的弘扬深植于教学科研开展与校园文化建设中，多方位、多层次、多视角营造学习伟大建党精神的浓厚氛围和积极风气，让伟大建党精神为立德树人、铸魂育人提供强有力的内在驱动力。

### （一）加强顶层设计，形成多维复调叙事

伟大建党精神是全社会的重要精神滋养，也是高校开展思想政治教育的宝贵资源。高校是坚持党的领导的坚强阵地，无论是谋划自身的建设和发展，还是履行为党育人、为国育才的职责使命，都客观上要求高校全体师生深入学习和弘扬伟大建党精神。因此，高校应当加强顶层设计，打造“高校—院部—教师—学生”学习和弘扬伟大建党精神的多维度立体格局，形成覆盖全学段大学生的伟大建党精神融入大学生思想政治教育的复调叙事。

第一，强调高校统筹作用，以党史学习教育为契机，做好伟大建党精神融入大学生思想政治教育的顶层设计，融入学校发展规划和工作计划，在全校营造学习和弘扬伟大建党精神的浓厚氛围。

第二，强调院部主导作用，组织教师深入研究伟大建党精神的历史内涵与时代价值，鼓励教师推动伟大建党精神进入思政课程和课程思政，鼓励思想政治工作队伍将伟大建党精神作为日常思政教育的重要素材和宝贵资源。例如，中国海洋大学工程学院将伟大建党精神学习与工程实训相融合，把“中共一大会址纪念馆”“红船”等模型制作融入 3D 打印和激光切割课程中，带领学生重温中国共产党伟大建党历程，感悟伟大建党精神，让实训教学变得更“有温度”，让党史学习教育更“有实感”。

第三，强调教师关键作用，引导教师从伟大建党精神中汲取力量，在以身作则和教育育人的日常点滴中，学习伟大建党精神、践行伟大建党精神、传播

伟大建党精神，将道德品质、业务发展和个人成长与弘扬伟大建党精神深入结合起来，在学校中和学生间形成示范效应。

第四，强调学生能动作用，组织学生在自我管理、自我服务、自我提高的过程中，深化对伟大建党精神的学习和体悟，以弘扬伟大建党精神为主题开展校园文化活动和社会实践活动。

### （二）注重辐射示范，党建引领团学共振

伟大建党精神是中国共产党的精神之源，也是党开展组织建设和党员教育的重要着力点。伟大建党精神融入大学生思想政治教育，要发挥基层党组织建设尤其是学生党支部建设对大学生团学组织和大学生群体的辐射性和示范性作用，引导大学生以弘扬伟大建党精神为主题自主深入开展形式多样的学习活动。基层党组织在开展组织建设的过程中，要注重将伟大建党精神的学习丰富到党员培养教育的全过程，以伟大建党精神为主题探索专题党课、微党课、云党课教学，通过特别党日活动以专家深讲、书记精讲、党员宣讲、群众听讲的形式，将广大青年大学生吸引到伟大建党精神学习中来。高校可以依托党组织对团学组织的带动作用，强化团学组织对大学生群体的发动作用，探索以弘扬伟大建党精神为主题的创新活动，活跃校园文化，形成广覆盖、深学习、多形式、强趣味的浓厚学习氛围；以校级团委和学生会为发起主体，组织开展全校性第二课堂和比赛活动，发掘利用地方红色资源和学校红色传统，通过主题演讲比赛、师生合唱展演、文艺经典汇演、大型浸润式党课、红色学习月等各种形式的活动，自上而下形成联动，通过喜闻乐见的方式将大学生纳入伟大建党精神学习中来；以各类学生社团组织为发起主体，鼓励大学生结合自己的兴趣和特长创新开展各类伟大建党精神学习活动，通过话剧、舞蹈、歌唱、书法、播音、短视频制作等深入弘扬伟大建党精神，在大学生中间形成良好反响。

### （三）推进内容创新，把握学生成长特征

推进伟大建党精神融入思想政治教育的内容创新，根据大学生成长规律和接受特点开发有针对性的教育产品。第一课堂推动伟大建党精神进教材、进教案、进教学，在专业课程中穿插和设置伟大建党精神因素，重点讲述党建设与发展中关心、帮助、带动、推动学科发展、专业进步、产业革新的真实案例，以再现伟大建党精神的历史意义；在思政课程中安排和设计伟大建党精神专题，将党的伟大历程与学校、城市、区域、家乡、民族等学生熟悉的发展情况联系起来，展现伟大建党精神的时代价值。例如，华东师范大学发起“手拉手”同上伟大建党精神“大思政课”集体备课会，组织上海、河南两地专家学者和思政课教师相聚云端，共同研究伟大建党精神有机融入思政课教学的方法策略，将沪豫两地深厚的革命历史传统、丰沛的红色育人资源引入课堂，邀请包括《觉醒年代》编剧龙平平、中国共产党早期革命活动家俞秀松继子俞敏等在内的不同领域12位主讲人进入思政课堂，主讲12个教学专题，多视角、多维度帮助青年大学生跨越时空走近伟大建党精神。

第二课堂深挖党史峥嵘岁月中的动人故事、典型任务，结合已有的相关影视、戏剧、曲艺、歌舞等优秀作品，组织大学生从青年视角出发讲述、演绎和传播党的故事，为自我成长根植红色基因，让红色文化精品辐射出圈。尤其要结合校史校情，深挖高校发展和改革中践行伟大建党精神的大师、专家和杰出校友的先进事迹，创作出激发集体荣誉感、引起情感共鸣、振奋拼搏精神的原创作品，并以在校师生为主体面向校内外公开展示和演出。在校园环境方面，应注重营造厚重学习氛围，鼓励各级党组织与红色基地联建共建、同学共学，引进优质内容、举办主题展览、设置红色景观、开展红色路演等，通过5G网络传输、全息成像技术等，让革命先贤和历史事件通过云展览、云直播穿越时空与大学生相遇，打造独特的沉浸式学习环境。

## （四）优化传播路径，紧扣时代发展潮流

新时代的高校思想政治教育在某种意义上是在信息爆炸、算法精准、流量稀缺、泥沙俱下的数字噪声环境中争取互联网时代原住民。伟大建党精神融入思想政治教育，要求高校着眼于全媒体建设优化传播路径。

一是赋能校园传统媒体，充分发挥高校户外信息媒介、电视、广播、报刊体系化和广覆盖的客观优势，更新、投放和传播伟大建党精神相关优质内容，设置伟大建党精神校园智慧体验中心，打造全媒体沉浸式伟大建党精神学习空间。

二是聚势新兴媒体应用，构建高校思想政治教育的新媒体矩阵，紧扣内容创新这条主线创作青年人喜欢的短视频、中长视频、爆款文章等，积极探索通过大学生感兴趣的互联网应用，分发原创优质伟大建党精神学习产品。尤其是要建设由党组织领导、宣传部门指导、思政教师主导的学生新媒体团队，积极发挥大学生对互联网发展视野宽广、嗅觉灵敏、乐于尝鲜的主体优势，厘清和优化伟大建党精神网络传播的新媒体路径。

三是发展智能传播技术，依托高校的智力集聚优势和硬件建设需求，积极推动人工智能、大数据、VR 等新技术在伟大建党精神融入思想政治教育中的应用。例如，天津大学在思政课上利用自主研发的 VR 眼镜、云资源、全景相机等“思政 VR”教学产品构建 VR 实践教学体系，让学生跨越时空“走进”中共一大会址纪念馆、井冈山革命博物馆、遵义会议纪念馆、延安革命纪念馆等红色场馆，通过将虚拟仿真实验教学与实践教学、体验教学有机融合，强化学生的思政课学习兴趣，引导学生传承和弘扬伟大建党精神。

四是根据大学生的专业、学制、学段、政治面貌、兴趣爱好等特点，精准描摹学生画像，科学区分受众群体，对应大学生成长和发展的不同现实需求，实现伟大建党精神学习产品的差异化、个性化、定制化，并以精准投放提升传播效能。

# 参 考 文 献

[1] 蔡田，李翔宇，贾伟杰. 高校思想政治教育前沿问题探究[M]. 北京：中国书籍出版社，2013.

[2] 陈华洲. 思想政治教育方法论[M]. 武汉：华中师范大学出版社，2010.

[3] 陈默，牛承义. 新时期大学生思想政治教育的科学发展研究[M]. 北京：中国水利水电出版社，2015.

[4] 甘迎春. 校园文化建设视阈下大学生思想政治教育实践探索[J]. 开封教育学院学报，2019，39（1）：197-200.

[5] 葛红梅. 现代化视阈下思想政治教育的反思与构建[M]. 北京：研究出版社，2019.

[6] 韩学山. 新时期大学生思想政治教育理论研究与实践：以陕西民办高校为例[M]. 银川：宁夏人民出版社，2018.

[7] 胡绍红. 大学生思想政治教育研究[M]. 北京：研究出版社，2020.

[8] 季伟，万金城. 伟大建党精神融入大学生思想政治教育的实践探索[J]. 上海党史与党建，2022（3）：85-90.

[9] 姜金林. 新时期大学生思想道德教育研究概论[M]. 北京：中国水利水电出版社，2014.

[10] 雷随斌. 谈高校学生思想政治教育队伍建设的主要目标[J]. 中国成人教育，2007（10）：52-53.

[11] 冷天玖. 高校思想政治教育整体优化与创新机制探索[M]. 北京：中国水利水电出版社，2015.

[12] 李春成. 新时期大学生思想政治教育探微[M]. 北京：中国水利水电出版社，2013.

[13] 李霓. 新媒体时代大学生思政教育挑战与创新[M]. 天津：天津科学技术出版社，2018.

[14] 李学昌. 高校大学生思想政治教育理论与实践创新路径研究[M]. 长春：吉林出版集团股份有限公司，2020.

[15] 刘洪敏. 新时期大学生思想政治教育理论研究[M]. 北京：北京理工大学出版社，2015.

[16] 刘利，潘黔玲. 互联网＋视域下思政课教学理论与实践发展研究[M]. 长春：吉林大学出版社，2017.

[17] 刘森，李永菊，刘敏，等. 新时期大学生思想政治教育改革与创新探究[M]. 北京：中国水利水电出版社，2014.

[18] 刘婷婷，魏灿欣. 大学生思想政治教育理论与实践浅析[M]. 北京：中国轻工业出版社，2015.

[19] 卢保娣. 新时期大学生思想政治教育引领与建构[M]. 北京：中国水利水电出版社，2016.

[20] 骆郁廷. 当代大学生思想政治教育[M]. 北京：中国人民大学出版社，2010.

[21] 齐立石. 大学生思想政治教育[M]. 成都：电子科技大学出版社，2017.

[22] 邱平静. 浅谈高校思想政治教育中的隐性教育法[J]. 科教导刊（中旬刊），2013（6）：77-78.

[23] 田甜. 当代大学生思想政治教育研究：以农科院校大学生为例[M]. 武汉：中国地质大学出版社，2018.

[24] 王冠军. 现代大学生思想政治教育基础理论与实践途径探索研究[M]. 北京：中国水利水电出版社，2017.

[25] 王晖慧，李伟斯，李萌杰. 新时代大学生思想政治教育发展探索[M]. 长春：吉林大学出版社，2017.

[26] 王兴立. 中国传统文化和大学生思想政治教育[M]. 天津：天津科学技术出版社，2018.

［27］闻竹，李康. 新时代背景下高校思想政治教育创新发展研究［M］. 北京：九州出版社，2020.

［28］吴平，刘琦. 高校大学生素养与思想政治教育研究［M］. 成都：电子科技大学出版社，2017.

［29］徐茂华，马新平，吴乾莉，等. 新形势下高校思想政治教育实效性研究［M］. 北京：现代教育出版社，2012.

［30］徐园媛，胡亚男. “互联网＋”视域下的大学生思想政治教育工作研究［J］. 黑龙江高教研究，2019（4）：144-147.

［31］尹婷婷，张静，杨素祯. 新媒体时代高校思想政治教育创新探究［M］. 北京：研究出版社，2019.

［32］张可辉，栾忠恒. 新媒体视域下大学生思想政治教育研究［M］. 北京：中国商务出版社，2017.

［33］张雪霞，杨伟丽，贾博，等. 大学生思想政治教育的理论与实践新探索［M］. 北京：中国时代经济出版社，2014.

［34］赵诤，范明水，方锦花. 现代思想政治教育方法论研究［M］. 长春：吉林大学出版社，2011.